中国科学院统计年鉴

STATISTICAL YEARBOOK OF CHINESE ACADEMY OF SCIENCES

2005

中国科学院综合计划局 编

Bureau of Comprehensive Planning
Chinese Academy of Sciences

科学出版社
北京
Science Press, Beijing

中国科学院统计年鉴
STATISTICAL YEARBOOK OF
CHINESE ACADEMY OF SCIENCES
2005

中国科学院综合计划局 编
科学出版社 出版
北京东黄城根北街 16 号
邮政编码: 100717
http://www.sciencep.com

中国科学院印刷厂 印刷
科学出版社出版发行

*

2005 年 12 月第 一 版　　开本: 787×1092 1/16
2005 年 12 月第一次印刷　　印张: 18 1/2
印数: 1–700　　字数: 420 000

ISBN 7-03-016644-2

定价: 95.00 元

(如有印装质量问题，我社负责调换〈科印〉)

《中国科学院统计年鉴》(2005)
编委会和编辑人员

Members of the Editorial Committee and Editorial Office of the *Statistical Yearbook of Chinese Academy of Sciences*

编 者 说 明

一、《中国科学院统计年鉴》(2005)是一部全面反映中国科学院科技工作和各项事业发展的资料性年刊。本年鉴收录了全院及院属各单位2004年的统计数据以及历年全院主要统计数据。

二、本年鉴内容分为13个部分，即学部，机构，人员，经费，基本建设，科技活动，人才培养与引进，专利、科技论文、获奖成果，院、所投资企业开发经营活动，院、地合作，国际合作及与港、澳、台地区交流，文献情报、图书出版，附录。主要统计指标解释附在各部分后面。

三、本年鉴资料来源于综合、业务及其他管理部门年度统计报表。

四、本年鉴部分数据合计数由于单位取舍不同产生的计算误差均未做机械调整。

五、本年鉴各部分中的“按学科分”汇总数据，均指按机构所属学科分，个别情况加“注”说明。

六、本年鉴由中国科学院综合计划局会同院机关有关部门共同完成。在编辑出版过程中，编辑部得到了各方面的支持和帮助，在此一并致谢。

EDITOR'S NOTES

1. The *Statistical Yearbook of the Chinese Academy of Sciences, 2005* is an informational almanac which gives an overall description of every major aspect related to CAS's scientific and technological (S&T) activities and its development. It contains statistical data of institutions and organizations of the CAS in 2004 as well as its important statistical information in the past years.

2. The Yearbook consists of the following 13 parts: academic divisions; organizations; personnel; funds; capital construction; S&T activities; talent training and recruitment; patents, S&T papers and award-winning achievements; business activities of CAS and its institution invested enterprises; CAS and locality cooperation; international coop-ration, and exchange with Hong Kong, Macao and Taiwan regions; documentation and information; publication; appendix. Explanatory notes on key indicators are attached at the end of each part.

3. Data contained in the Yearbook are selected from the annual statistical reports of various professional and management departments of the Head Office of the CAS.

4. Details may not add to the total in some statistical tables due to rounding. No manual adjustment is made.

5. The definition "By field" in some statistical tables refers to the classification of research fields which the institutes mainly deal with, some special cases have attached notes.

6. The Yearbook is completed by the Bureau of Comprehensive Planning of the CAS in cooperation with the relevant departments of the Head Office of the CAS. The Editorial Committee extends its gratitude to all those who have rendered their valuable support and assistance during the preparation of this Yearbook.

目　录
CONTENTS

一、学 部
ACADEMIC DIVISIONS

1-1 历届当选的中国科学院院士(学部委员)人数按学部分布

CAS Members, by Academic Division and Year of Election

单位：人 (person)

年 份 Year	合 计 Total	数学物理学部 Division of Mathematics and Physics	化学部 Division of Chemistry	生物学部 Division of Biological Sciences	地学部 Division of Earth Sciences	技术科学部 Division of Technological Sciences
总 计 Total	**1028**	**184**	**167**	**221**	**185**	**271**
1955	172	30	22	60	24	36
1957	18	6	2	5	3	2
1980	283	51	51	53	64	64
1991	210	38	35	34	35	68
1993	59	10	10	11	10	18
1995	59	10	9	12	10	18
1997	58	9	10	12	10	17
1999	55	10	8	11	10	16
2001	56	10	10	12	9	15
2003	58	10	10	11	10	17

1-2 现有院士人数按学部分布(2004 年)

Present CAS Members, by Academic Division: 2004

单位：人 (person)

	合 计 Total	数学物理学部 Division of Mathematics and Physics	化学部 Division of Chemistry	生命科学和医学学部 Division of Life Sciences and Medical Sciences	地学部 Division of Earth Sciences	信息技术科学部 Division of Information Technology	技术科学部 Division of Technological Sciences
总 计 Total	**672**	**126**	**119**	**117**	**113**	**76**	**121**
其中：女性 Of which: Female	41	7	10	12	5	3	4
中国科学院 CAS	270	61	48	61	52	29	19
高等院校 Institutions of higher learning	271	44	61	38	31	36	61
其他单位 Other institutions	131	21	10	18	30	11	41

注：1.另有 44 位中国科学院外籍院士。

Note: In addition, CAS has 44 foreign members.

2. 2004 年 6 月，生物学部更名为生命科学和医学学部，技术科学部划分为信息技术科学部、技术科学部。

In June 2004, Division of Biological Sciences changed its name as Division of Life Sciences and Medical Sciences, Division of Technological Sciences was divided into Division of Information Technology and Division of Technological Sciences.

1-3 中国科学院学部咨询报告

Consultation Reports Submitted by CAS Academic Divisions

年 份 Year	咨询报告和院士建议 Consultation Reports and Suggestions (篇) (Article)	学术和科普报告会 Academic and Popular Science Meetings (场) (Time)
2000	29	16
2001	8	12
2002	21	27
2003	39	25
2004	49	93

注：学部咨询报告和院士建议是根据国家需求，由学部组织或院士个人对国家重大科学技术问题提出的咨询意见和建议。

Note: The consultation reports and suggestions submitted by CAS Academic Divisions in accordance with the nation's demands. All these consultation reports and suggestions, organized by CAS Academic Divisions or submitted by individule members of the Chinese Academy of Sciences, are on the national major science and technology issues.

二、机　构
ORGANIZATIONS

2-1 院直属单位发展情况

Development of Units Directly under CAS

单位: 个 (unit)

年 份 Year	院属事业单位 Institutions directly under CAS	科研机构 Research units	院直接投资的控股企业 CAS invested holding enterprises
1949	25	22	
1952	26	31	
1957	97	67	
1962	117	99	
1966	135	106	
1975	80	63	
1980	156	117	
1985	157	122	
1990	159	123	
1994	159	123	5
1995	161	124	5
1996	158	123	8
1997	157	123	10
1998	155	121	10
1999	149	115	8
2000	145	112	8
2001	120	94	18
2002	112	85	23
2003	116	89	23
2004	116	89	21

2-2 院属事业单位(2004年)

Institutions Directly under CAS: 2004

序号 No.	单位名称 Unit	序号 No.	单位名称 Unit
	合计: 116个 **Total: 116 units**	13	地理科学与资源研究所 Inst. of Geographic Sciences and Natural Resources Research
	北京市: 46个 Beijing: 46 units	14	青藏高原研究所 Inst. of Qinghai-Tibet Plateau
1	数学与系统科学研究院 Academy of Mathematics and Systems Science	15	地质与地球物理研究所 Inst. of Geology and Geophysics
2	物理研究所 Inst. of Physics	16	古脊椎动物与古人类研究所 Inst. of Vertebrate Paleontology and Paleoanthropology
3	声学研究所 Inst. of Acoustics	17	大气物理研究所 Inst. of Atmospheric Physics
4	理论物理研究所 Inst. of Theoretical Physics	18	遥感应用研究所 Inst. of Remote Sensing Application
5	理化技术研究所 Technical Inst. of Physics and Chemistry	19	植物研究所 Inst. of Botany
6	高能物理研究所 Inst. of High Energy Physics	20	动物研究所 Inst. of Zoology
7	国家天文台 National Astronomical Observatories of China	21	心理研究所 Inst. of Psychology
8	力学研究所 Inst. of Mechanics	22	微生物研究所 Inst. of Microbiology
9	化学研究所 Inst. of Chemistry	23	生物物理研究所 Inst. of Biophysics
10	生态环境研究中心 Research Center for Eco-Environmental Sciences	24	遗传与发育生物学研究所 Inst. of Genetics and Developmental Biology
11	国家纳米科学中心 National Center for Nano Science and Technology of China	25	北京基因组研究所 Beijing Genomics Inst.
12	过程工程研究所 Inst. of Process Engineering	26	计算技术研究所 Inst. of Computing Technology

续表 2-2

序号 No.	单 位 名 称 Unit	序号 No.	单 位 名 称 Unit
27	计算机网络信息中心 Computer Network Information Center	43	管理干部学院 Beijing Inst. of Management
28	软件研究所 Inst. of Software	44	中国科学院文献情报中心 Library of Chinese Academy of Sciences
29	半导体研究所 Inst. of Semiconductors	45	科学时报社 Science Times
30	微电子研究所 Inst. of Microelectronics	46	科学出版社 Science Press
31	电子学研究所 Inst. of Electronics		山西省: 1 个 Shanxi Province: 1 unit
32	光电研究院 Inst. of Optoelectronics	47	山西煤炭化学研究所 Shanxi Inst. of Coal Chemistry
33	电工研究所 Inst. of Electric Engineering		辽宁省: 5 个 Liaoning Province: 5 units
34	工程热物理研究所 Inst. of Engineering Thermophysics	48	大连化学物理研究所 Dalian Inst. of Chemical Physics
35	空间科学与应用研究中心 Center for Space Science and Applied Research	49	沈阳应用生态研究所 Shenyang Inst. of Applied Ecology
36	自动化研究所 Inst. of Automation	50	沈阳自动化研究所 Shenyang Inst. of Automation
37	中国遥感卫星地面站 China Remote Sensing Satellite Ground Station	51	金属研究所 Inst. of Metals Research
38	自然科学史研究所 Inst. of History of Natural Sciences	52	沈阳分院 Shenyang Branch
39	科技政策与管理科学研究所 Inst. of Policy and Management		吉林省: 4 个 Jilin Province: 4 units
40	中国科学院机关 CAS Head Office	53	长春应用化学研究所 Changchun Inst. of Applied Chemistry
41	行政管理局 Bureau of Administration and Logistics	54	东北地理与农业生态研究所 Northeast Inst. of Geography and Agricultural Ecology
42	中国科学院研究生院 Graduate School of the Chinese Academy of Sciences	55	长春光学精密机械与物理研究所 Changchun Inst. of Optics, Fine Mechanics and Physics

续表 2-2

序号 No.	单 位 名 称 Unit	序号 No.	单 位 名 称 Unit
56	长春分院 Changchun Branch	70	南京分院 Nanjing Branch
	上海市: 9 个 Shanghai: 9 units		安徽省: 3 个 Anhui Province: 3 units
57	上海应用物理研究所 Shanghai Inst. of Applied Physics	71	合肥智能机械研究所 Hefei Inst. of Intelligent Machines
58	上海天文台 Shanghai Observatory	72	合肥物质科学研究院 Hefei Institutes of Physical Sciences
59	上海硅酸盐研究所 Shanghai Inst. of Ceramics	73	中国科学技术大学 University of Science and Technology of China
60	上海有机化学研究所 Shanghai Inst. of Organic Chemistry		福建省: 1 个 Fujian Province: 1 unit
61	上海生命科学研究院 Shanghai Institutes for Biological Sciences	74	福建物质结构研究所 Fujian Inst. of Research on the Structure of Matter
62	上海微系统与信息技术研究所 Shanghai Inst. of Microsystem and Information Technology		江西省: 1 个 Jiangxi Province: 1 unit
63	上海光学精密机械研究所 Shanghai Inst. of Optics and Fine Mechanics	75	庐山疗养院 Lushan Sanatorium
64	上海技术物理研究所 Shanghai Inst. of Technical Physics		山东省: 2 个 Shandong Province: 2 units
65	上海分院 Shanghai Branch	76	海洋研究所 Inst. of Oceanology
	江苏省: 5 个 Jiangsu Province: 5 units	77	青岛疗养院 Qingdao Sanatorium
66	紫金山天文台 Purple Mountain Observatory		湖北省: 8 个 Hubei Province: 8 units
67	南京地理与湖泊研究所 Nanjing Inst. of Geography and Limnology	78	武汉物理与数学研究所 Wuhan Inst. of Physics and Mathematics
68	南京地质古生物研究所 Nanjing Inst. of Geology and Palaeontology	79	武汉岩土力学研究所 Wuhan Inst. of Rock and Soil Mechanics
69	南京土壤研究所 Nanjing Inst. of Soil Science	80	测量与地球物理研究所 Inst. of Geodesy and Geophysics

续表 2-2

序号 No.	单位名称 Unit	序号 No.	单位名称 Unit
81	武汉植物园 Wuhan Botanical Garden	93	成都生物研究所 Chengdu Inst. of Biology
82	水生生物研究所 Inst. of Hydrobiology	94	光电技术研究所 Inst. of Optics and Electronics
83	武汉病毒研究所 Wuhan Inst. of Virology	95	成都文献情报中心 Chengdu Documentation and Information Center
84	武汉文献情报中心 Wuhan Documentation and Information Center	96	成都分院 Chengdu Branch
85	武汉分院 Wuhan Branch		贵州省: 1 个 Guizhou Province: 1 unit
	湖南省:1 个 Hunan Province:1 unit	97	地球化学研究所 Inst. of Geochemistry
86	亚热带农业生态研究所 Inst. of Subtropical Agriculture		云南省: 4 个 Yunnan Province: 4 units
	广东省: 5 个 Guangdong Province: 5 units	98	昆明植物研究所 Kunming Inst. of Botany
87	广州地球化学研究所 Guangzhou Inst. of Geochemistry	99	西双版纳热带植物园 Xishuangbanna Tropical Botanical Garden
88	南海海洋研究所 South China Sea Inst. of Oceanology	100	昆明动物研究所 Kunming Inst. of Zoology
89	华南植物园 South China Botanical Garden	101	昆明分院 Kunming Branch
90	广州能源研究所 Guangzhou Inst. of Energy Conversion		陕西省: 4 个 Shaanxi Province: 4 units
91	广州分院 Guangzhou Branch	102	国家授时中心 National Time Service Center
	四川省: 5 个 Sichuan Province: 5 units	103	西安光学精密机械研究所 Xi'an Inst. of Optics and Fine Mechanics
92	成都山地灾害与环境研究所 Chengdu Inst. of Mountain Hazards and Environment	104	地球环境研究所 Inst. of Earth Environment

续表 2-2

序号 No.	单 位 名 称 Unit	序号 No.	单 位 名 称 Unit
105	西安分院 Xi'an Branch		青海省: 2 个 Qinghai Province: 2 units
	甘肃省: 6 个 Gansu Province: 6 units	112	青海盐湖研究所 Qinghai Inst. of Saline Lakes
106	近代物理研究所 Inst. of Modern Physics	113	西北高原生物研究所 Northwest Inst. of Plateau Biology
107	兰州化学物理研究所 Lanzhou Inst. of Chemical Physics		新疆维吾尔自治区: 3 个 Xinjiang Uygur Autonomous Region: 3 units
108	寒区旱区环境与工程研究所 Cold and Arid Regions Environmental and Engineering Research Institute	114	新疆理化技术研究所 Xinjiang Technical Inst. of Physics and Chemistry
109	兰州地质研究所 Lanzhou Inst. of Geology	115	新疆生态与地理研究所 Xinjiang Inst. of Ecology and Geography
110	资源环境科学信息中心 Scientific Information Center for Resources and Environment		
111	兰州分院 Lanzhou Branch	116	新疆分院 Xinjiang Branch

注: Inst.—Institute. R&D—Research and Development.

机构变动说明:

1. 2003 年，经中编办批准石家庄农业现代化所并入遗传与发育生物学研究所。
2. 2003 年，经中编办批准长春地理研究所与黑龙江农业现代化研究所整合为东北地理与农业生态研究所 。
3. 2003 年，经中编办批准长沙大地构造研究所并入广州地球化学研究所。
4. 2003 年，经中编办批准合肥分院、安徽光学精密机械研究所、等离子体物理研究所、固体物理研究所整合为合肥物质科学研究院。
5. 2003 年，经中编办批准上海原子核研究所更名为上海应用物理研究所。
6. 2003 年，经中编办批准微电子中心更名为微电子研究所。
7. 2003 年，经中编办批准华南植物园更名为华南植物园。
8. 2003 年，经中编办批准武汉植物研究所更名为武汉植物园。
9. 2003 年，经中编办批准长沙农业现代化研究所更名为亚热带农业生态研究所。
10. 2003 年，经中编办批准成立青藏高原研究所。
11. 2003 年，经中编办批准成立北京基因组研究所。
12. 2003 年，经中编办批准成立光电研究院。
13. 2003 年，经中编办批准成立国家纳米科学中心。

Explanation of organization changes:

1. Shijiazhuang Institute of Agricultural Modernization Merged into the Institute of Genetics and Developmental Biology, approved by the central government related office in 2003.
2. Changchun Institute of Geography and Helongjiang Institute of Agricultural Mogernization were consolidated into the Northeast Institute of Geography and Agricultural Ecology, approved by the central government related office in 2003.
3. Changsha Institute of Geotectonics merged into the Guangzhou Institute of Geochemistry, approved by the central government related office in 2003.
4. CAS decided in 2002 to annex Hefei Branch, Anhui Institute of Optics and Fine Mechanics, Institute of Plasma Physics and Institute of Solid State Physics into the Hefei Institute of Physical Sciences, approved by the central government related office in 2003.
5. CAS made a decision to change the name of Shanghai Institute of Nuclear Research as the Shanghai Institute of Applied Physics, approved by the central government related office in 2003.
6. The Microelectronics R&D Center was Changed as Institute of Microelectronics,approved by the Central government related office in 2003.
7. The South China Institute of Botany was Changed as South China Botanical Garden, Approved by the Central government related office in 2003.
8. The Wuhan Institute of Botany was Changed as Wuhan Botanical Garden, approved by the Central government related office in 2003.
9. The Changsha Institute of Agricultural Modernization was Changed as Institute of Subtropical Agriculture, approved by the Central government related office in 2003.
10. The establishment of the Institute of Qinhai-Tibet Plateau was approved by the Central government related office in 2003.
11. The establishment of the Beijing Institute of Genomes was approved by the Central government related office in 2003.
12. The establishment of Institute of Optoelectronics was approved by the Central government related office in 2003.
13. The establishment of the National Center for Nano Science and Technology of China was approved by the Central government related office in 2003.

2-3 院直接投资的控股企业(2004 年)

CAS Invested Holding Enterprises: 2004

序号 No.	单 位 名 称 Unit
	合计: 21 个 **Total: 21 units**
	北京市: 13 个 Beijing: 13 units
1	中国科学院国有资产经营有限责任公司 CAS Holdings Co., Ltd.
2	中科实业集团(控股)公司 China Sciences Holdings Co.
3	联想控股有限公司 Legend Holdings Co., Ltd.
4	东方科学仪器进出口集团有限公司 Oriental Scientific Instrument Import & Export Group Co., Ltd.
5	中国科技促进经济投资公司 China Scientific Promotion Investment Corporation
6	华建电子有限责任公司 Huajian Electronics Co., Ltd.
7	国科光电科技有限责任公司 Guoke Photoelectric Science and Technology Co., Ltd.
8	北京中科院软件中心有限公司 CAS Beijing Software Co., Ltd.
9	中科建筑设计研究院有限责任公司 CAS Architectural Design Institute Co., Ltd.
10	北京中科资源有限公司 CAS Beijing Resources Co., Ltd.
11	北京中科印刷有限责任公司 CAS Beijing Printing Co., Ltd.
12	中国科学院服务中心有限公司 CAS Logistic Service Co., Ltd.
13	北京中科国金工程管理咨询有限公司 CAS Beijing Guojin Engineering Management Consulting Co., Ltd.
	辽宁省:2 个 Liaoning Province : 2 Units
14	中国科学院沈阳计算技术研究所有限公司 CAS Shenyang Computing Technology Co., Ltd.

续表 2-3

序号 No.	单 位 名 称 Unit
15	中国科学院沈阳科学仪器研制中心有限公司 CAS Shenyang Scientific Instrument Development Co., Ltd.
	江苏省:1 个 Jiangsu Province: 1 Unit
16	南京中科天文仪器有限公司 CAS Nanjing Astronomic Instrument Co., Ltd.
	四川省:3 个 Sichuan Province: 3 Units
17	中国科学院成都有机化学有限公司 CAS Chengdu Organic Chemistry Co., Ltd.
18	四川中科院信息技术有限公司 CAS Sichuan Information Technology Co., Ltd.
19	成都中科唯实仪器有限责任公司 CAS Chengdu Weishi Instrument Co., Ltd.
	广东省: 2 个 Guangdong Province: 2 units
20	中科院广州化学有限公司 CAS Guangzhou Chemistry Co., Ltd.
21	中科院广州电子技术有限公司 CAS Guangzhou Electronics Technology Co., Ltd.

注：2004 年，中国科学院国有资产经营有限责任公司已将所持有的中国网络通信(控股)有限公司、深圳科健集团有限公司股份全部转让。

Note: The Shares of China Netcom Co., Ltd. and Shenzhen Kejian Holdings Co., Ltd. held by CAS Holdings Co., Ltd. were entirely transfered.

主要统计指标解释

1. 院直属单位

院直属单位指经国家正式批准的院直属独立核算单位。独立核算单位的条件是：行政上是具有独立法人资格的单位；财务上独立核算盈亏，独立编制资金平衡表或财务预算、决算表；有权与其他单位签订合同。

2. 事业单位

事业单位指以社会公益为目的，利用国有资产从事科研、服务、教育等活动的院直属具有法人资格的组织。

3. 企业单位

企业单位指院直属从事商品生产、流通、经营和服务性经济活动，以营利为目的并在工商行政管理部门登记的独立核算单位。

Explanatory Notes on Key Indicators

1. Units directly under CAS

This refers to the independent accounting units directly under the jurisdiction of the CAS, which are established on the formal approval of the State. Independent accounting units should , enjoy corporate status, assume sole responsibility for their profits or losses, compile independently their financial balance sheets or financial budgets and final accounts, have the right to sign contracts with other organizations and establish their own bank accounts.

2. Institutions

This refers to those units of corporate capacity under CAS, with an aim at improving the social welfare, to utilize the state-owned assets and resources to engage in activities such as scientific research,services,education, etc.

3. Enterprises

This refers to CAS independent accounting units, which are engaged in the commodity production, circulation and business activities as well as service activities with the aim of making profit and are registered in industrial and commercial administrative departments.

三、人　员
PERSONNEL

3-1 正式职工分类情况

Classification of CAS Regular Staff

单位：人 (person)

年份 Year	总计 Total	其中：女性 Of which: Female	干部 Cadres						工人 Workers
			合计 Total	专业技术人员 Professional and technical staff				行政管理人员 Adminis-trative staff	
				小计 Subtotal	高级 Senior	中级 Middle level	初级及未定 Junior and others		
1949	575		416	345	122	112	82	71	159
1950	1063		789	562	165	206	141	227	274
1951	1494		1105	811	220	290	228	294	389
1952	5239		3014	1967	351	405	754	1047	2225
1953	7262		4382	2776	391	470	1309	1606	2880
1954	7043		4745	3296	413	493	1560	1449	2298
1955	7978		5817	4152	488	536	1953	1665	2161
1956	14209		11336	8476	731	815	3735	2860	2873
1957	17294		13347	10566	753	931	4750	2781	3947
1958	34049		21558	14979	752	938	5770	6579	12491
1959	45769		32421	20022	680	847	7103	12399	13348
1960	57976		37505	23898	736	1137	9316	13607	20471
1961	40957		28586	19128	590	1219	9794	9458	12371
1962	42143		32285	23179	623	2113	13198	9106	9858
1963	46198		35355	25264	640	2354	14866	10091	10843
1964	52775		39969	28822	696	2719	16634	11147	12806
1965	60258		44341	30835	688	2874	18375	13506	15917
1966	61681		44900	31109	693	2973	18644	13791	16781
1973	35157		24911	16407	414	1768	11289	8504	10246
1974	36635		25944	17242	408	1764	11907	8702	10691
1975	48716		33134	20749	505	1874	14675	12385	15582
1976	51824		34736	19915	429	1903	15496	14821	17088
1977	54756		36811	20592	413	1894	17357	16219	17945
1978	79755		52045	38189	1261	10380	19253	13856	27710
1979	83488	28544	55076	43058	2238	21411	19409	12018	28412
1980	84497	28897	55813	44098	2737	22795	18566	11715	28684
1981	76644	26319	50026	40239	2724	22016	15499	9787	26618
1982	78109	26728	52092	42931	3076	25267	14588	9161	26017
1983	78439	26786	52610	44295	3283	26014	14998	8315	25829

续表 3-1

年份 Year	总计 Total	其中:女性 Of which: Female	干部 Cadres 合计 Total	专业技术人员 Professional and technical staff 小计 Subtotal	高级 Senior	中级 Middle level	初级及未定 Junior and others	行政管理人员 Adminis-trative staff	工人 Workers
1984	80792	27615	54099	44850	3204	25526	16120	9249	26693
1985	81501	27946	55201	46056	3491	25194	17371	9145	26300
1986	82326	28484	57363	49865	8358	22716	18791	7498	24963
1987	82721	28624	59667	52628	10638	23138	18852	7039	23054
1988	83969	29248	62328	55910	12010	24413	19487	6418	21641
1989	84287	29157	63499	57550	13280	24328	19942	5949	20788
1990	84848	29031	64554	59028	14574	25043	19411	5526	20294
1991	84909	29088	65179	59800	14810	24621	20369	5379	19730
1992	83909	28638	64592	59387	15612	24714	19061	5205	19317
1993	81456	27645	62930	57878	16735	24468	16675	5052	18526
1994	78295	26462	60443	55565	17267	23649	14649	4878	17852
1995	75039	25314	58021	52992	17774	22446	12772	5029	17018
1996	71763	24224	55523	47789	16712	19842	11235	7734	16240
1997	68292	23073	52721	45124	16618	18397	10109	7597	15571
1998	65003	21980	49983	42693	16031	17169	9493	7290	15020
1999	61681	20612	47264	40175	15031	15992	9152	7089	14417
2000	58683	19472	44991	38319	14542	15135	8642	6672	13692
2001	54972	18027	42601	36343	14091	13991	8261	6258	12371
2002	45561	14859	35973	30596	13081	11429	6086	5377	9588
2003	43760	14250	34673	29387	12736	10771	5880	5286	9087
2004	43162	13918	34611	29474	13058	10852	5564	5137	8551

注: 1. 1949~1978 年专业技术人员中，高级、中级、初级仅包括科研人员和高校教学人员，因此专业技术人员小计>高级+中级+初级。

Note: The data of senior, middle level and junior in the category of professional and technical staff from 1949 to 1978 only include research and technical people and teaching staff in the universities. Therefore, the total of professional and technical staff is more than the total of the senior, middle level and junior.

2. 1967~1972 年全院职工分类无统计数据。女性职工 1949~1978 年无统计数据。

The statistical data for female staff from 1949 to 1978 and that for the total CAS staff from 1967 to 1972 are not available.

3. 自 2002 年起，正式职工人数的统计范围仅指院属事业单位正式职工。

Since 2002,the number of regular staff only refers to all the regular staff of CAS institutions.

3-2 事业单位正式职工及

CAS Regular Staff and

单位: 人

系统及单位 System and unit	正式职工 总 计 Regular staff total	其中: 女性 Of which: Female
总计 **Total**	**43162**	**13918**
一、按系统分 By system		
(一) 科研机构 Research units	34847	10903
数学、物理 Mathematics and physics	7497	2117
化学与化工 Chemistry and chemical engineering	5010	1631
地学 Earth sciences	5077	1399
生物学 Biological sciences	6348	2486
技术科学 Technological sciences	10765	3214
其他 Others	150	56
(二) 学校及公共支撑机构 School and public supporting organizations	6407	2261
技术支撑 Supporting organization	673	192
学校 School	4097	1333
文献情报、新闻出版 Documentation,information and publication	853	453
服务与福利 Service and welfare	784	283
(三) 管理机构 Management organizations	1908	754
中国科学院本部 CAS Head Office	713	303

离退休人员情况(2004 年)

Retired Personnel: 2004

(person)

干部 Cadres							工人 Workers	离、退休人员总数 Total retired personnel
合计 Total	专业技术人员 Professional and technical staff					行政管理人员 Adminis-trative staff		
	小计 Subtotal	高级 Senior	其中: 正高级 Of which: Full professorship	中级 Middle level	初级及未定 Junior and others			
34611	**29474**	**13058**	**4871**	**10852**	**5564**	**5137**	**8551**	**39307**
28321	24639	10954	4139	9127	4558	3682	6526	34070
5977	5202	2605	983	1717	880	775	1520	6939
4240	3752	1521	572	1400	831	488	770	5151
4422	3699	1979	796	1318	402	723	655	4401
5410	4587	1824	757	1831	932	823	938	6113
8127	7272	2951	1000	2816	1505	855	2638	11361
145	127	74	31	45	8	18	5	105
4905	4165	1839	657	1477	849	740	1502	3413
430	331	132	47	148	51	99	243	403
3380	3016	1487	555	961	568	364	717	1643
789	653	205	55	309	139	136	64	722
306	165	15		59	91	141	478	645
1385	670	265	75	248	157	715	523	1824
480	216	147	58	41	28	264	233	679

系统及单位 System and unit	正式职工 总　计 Regular staff total	其中: 女性 Of which: Female
地区管理部门 CAS Branches	1195	451
二、按单位分 By unit		
北京市 Beijing	15191	5406
数学与系统科学研究院 Academy of Mathematics and Systems Science	300	79
物理研究所 Inst. of Physics	443	116
声学研究所 Inst. of Acoustics	456	122
理论物理研究所 Inst. of Theoretical Physics	57	13
理化技术研究所 Technical Inst. of Physics and Chemistry	343	107
高能物理研究所 Inst. of High Energy Physics	1050	395
国家天文台 National Astronomical Observatories of China	572	148
力学研究所 Inst. of Mechanics	348	94
化学研究所 Inst. of Chemistry	442	156
生态环境研究中心 Research Center for Eco-Environmental Sciences	273	106
国家纳米科学中心 National Center for Nano Science and Technology of China	48	12
过程工程研究所 Inst. of Process Engineering	260	88
地理科学与资源研究所 Inst. of Geographic Sciences and Natural Resources Research	513	141
遥感应用研究所 Inst. of Remote Sensing Application	190	56
地质与地球物理研究所 Inst. of Geology and Geophysics	500	134
青藏高原研究所 Inst. of Qinghai-Tibet Plateau	48	12

干部 Cadres							工人 Workers	离、退休人员总数 Total retired personnel
合计 Total	专业技术人员 Professional and technical staff					行政管理人员 Administrative staff		
	小计 Subtotal	高级 Senior	其中：正高级 Of which: Full professorship	中级 Middle level	初级及未定 Junior and others			
905	454	118	17	207	129	451	290	1145
12603	10605	5173	2022	3786	1646	1998	2588	14506
282	240	184	113	43	13	42	18	260
372	337	248	115	73	16	35	71	472
382	343	169	60	117	57	39	74	535
56	46	39	30	7		10	1	27
287	237	151	57	64	22	50	56	349
792	671	311	99	222	138	121	258	977
504	431	222	79	142	67	73	68	445
301	265	166	54	86	13	36	47	480
396	370	215	89	124	31	26	46	512
254	226	102	40	89	35	28	19	280
48	38	34	10	3	1	10		
231	191	95	33	72	24	40	29	315
461	390	265	115	99	26	71	52	503
174	149	78	28	55	16	25	16	84
439	375	201	96	135	39	64	61	433
48	39	24	12	9	6	9		

系统及单位 System and unit	正式职工 总　计 Regular staff total	其中: 女性 Of which: Female
古脊椎动物与古人类研究所 Inst. of Vertebrate Paleontology and Paleoanthropology	127	44
大气物理研究所 Inst. of Atmospheric Physics	331	116
植物研究所 Inst. of Botany	458	187
动物研究所 Inst. of Zoology	311	121
心理研究所 Inst. of Psychology	110	52
微生物研究所 Inst. of Microbiology	307	156
生物物理研究所 Inst. of Biophysics	290	136
遗传与发育生物学研究所 Institute of Genetics and Developmental Biology	539	213
北京基因组研究所 Beijing Genomics Inst.	90	44
计算技术研究所 Inst. of Computing Technology	615	176
软件研究所 Inst. of Software	473	160
半导体研究所 Inst. of Semiconductors	457	150
微电子研究所 Inst. of Microelectronics	412	161
电子学研究所 Inst. of Electronics	513	196
光电研究院 Inst. of Optoelectronics	109	43
自动化研究所 Inst. of Automation	299	80
电工研究所 Inst. of Electric Engineering	330	113
工程热物理研究所 Inst. of Engineering Thermophysics	151	39
空间科学与应用研究中心 Center for Space Science and Applied Research	358	131

干部 Cadres							工人 Workers	离、退休人员总数 Total retired personnel
合计 Total	专业技术人员 Professional and technical staff					行政管理人员 Adminis-trative staff		
	小计 Subtotal	高级 Senior	其中：正高级 Of which: Full professorship	中级 Middle level	初级及未定 Junior and others			
116	91	58	21	29	4	25	11	140
300	263	142	53	92	29	37	31	256
381	337	152	57	153	32	44	77	462
293	262	120	51	124	18	31	18	350
106	90	46	22	43	1	16	4	94
274	248	95	37	116	37	26	33	295
260	212	75	44	97	40	48	30	450
490	403	140	51	166	97	87	49	392
90	87	30	21	27	30	3		
479	440	192	42	209	39	39	136	806
447	386	136	57	125	125	61	26	171
322	276	136	71	101	39	46	135	537
257	227	81	32	87	59	30	155	461
440	406	150	54	178	78	34	73	714
107	101	46	13	18	37	6	2	
264	238	128	45	92	18	26	35	276
279	257	78	25	87	92	22	51	352
143	126	62	23	58	6	17	8	118
347	303	122	21	93	88	44	11	454

系统及单位 System and unit	正式职工 总　计 Regular staff total	其中: 女性 Of which: Female
自然科学史研究所 Inst. of History of Natural Sciences	75	26
科技政策与管理科学研究所 Inst. of Science Policy and Management	75	30
中国科学院研究生院 Graduate School of the Chinese Academy of Sciences	436	181
管理干部学院 Beijing Institute of Management	196	91
中国遥感卫星地面站 China Remote Sensing Satellite Ground Station	133	41
计算机网络信息中心 Computer Network Information Center	84	27
中国科学院文献情报中心 Library of Chinese Academy of Sciences	272	169
科学时报社 Science Times	45	25
科学出版社 Science Press	304	150
行政管理局 Bureau of Administration and Logistics	735	266
中国科学院本部 CAS Head Office	713	303
其中: 院机关 Of which: Head Office	386	137
山西省 Shanxi Province	452	153
山西煤炭化学研究所 Shanxi Inst. of Coal Chemistry	452	153
辽宁省、山东省 Liaoning and Shandong provinces	3137	821
大连化学物理研究所 Dalian Inst. of Chemical Physics	820	252
沈阳应用生态研究所 Shenyang Inst. of Applied Ecology	312	123
沈阳自动化研究所 Shanyang Inst. of Automation	504	93
金属研究所 Inst. of Metals Research	880	189

续表 3-2

干部 Cadres							工人 Workers	离、退休人员总数 Total retired personnel
合计 Total	专业技术人员 Professional and technical staff					行政管理人员 Administrative staff		
	小计 Subtotal	高级 Senior	其中: 正高级 Of which: Full professorship	中级 Middle level	初级及未定 Junior and others			
70	60	39	16	19	2	10	5	72
75	67	35	16	26	6	8		33
346	262	189	90	59	14	84	90	324
145	80	29	4	32	19	65	51	118
118	108	44	13	51	13	10	15	61
81	72	35	11	36	1	9	3	34
243	206	72	29	95	39	37	29	226
45	30	10	2	8	12	15		15
290	241	65	13	128	48	49	14	317
288	162	15		56	91	126	447	627
480	216	147	58	41	28	264	233	679
386	232	169	61	41	22	154		679
369	327	141	46	115	71	42	83	404
369	327	141	46	115	71	42	83	404
2663	2307	978	330	998	331	356	474	2986
730	632	226	73	262	144	98	90	763
274	231	98	36	93	40	43	38	333
419	382	180	53	130	72	37	85	426
739	669	309	101	343	17	70	141	743

系统及单位 System and unit	正式职工 总　计 Regular staff total	其中: 女性 Of which: Female
海洋研究所 Inst. of Oceanology	557	146
沈阳分院 Shenyang Branch	64	18
其中: 分院机关 Of which: Branch Office	22	7
吉林省 Jilin Province	2992	852
长春应用化学研究所 Changchun Inst. of Applied Chemistry	795	238
东北地理与农业生态研究所 Northeast Inst. of Geography and Agricultural Ecology	301	71
长春光学精密仪器与物理研究所 Changchun Inst. of Optics, Fine Mechanics and Physics	1849	529
长春分院 Changchun Branch	47	14
其中: 分院机关 Of which: Branch Office	16	4
上海市、福建省 Shanghai, Fujian Province	5869	1999
上海应用物理研究所 Shanghai Inst. of Applied Physics	637	171
上海天文台 Shanghai Observatory	201	66
上海硅酸盐研究所 Shanghai Inst. of Ceramics	555	175
上海有机化学研究所 Shanghai Inst. of Organic Chemistry	463	182
上海生命科学院 Shanghai Institutes for Biological Sciences	1644	697
上海微系统与信息技术研究所 Shanghai Inst. of Microsystem and Information Technology	479	150
上海光学精密机械研究所 Shanghai Inst. of Optics and Fine Mechanics	663	196
上海技术物理研究所 Shanghai Inst. of Technical Physics	691	214
福建物质结构研究所 Fujian Inst. of Research on the Structure of Matter	304	72

干部 Cadres							工人 Workers	离、退休人员总数 Total retired personnel
合计 Total	专业技术人员 Professional and technical staff					行政管理人员 Adminis-trative staff		
	小计 Subtotal	高级 Senior	其中：正高级 Of which: Full professorship	中级 Middle level	初级及未定 Junior and others			
443	361	151	61	155	55	82	114	641
58	32	14	6	15	3	26	6	80
22	11	8	5	3		11		80
2276	2037	781	276	816	440	239	716	3667
660	599	206	86	243	150	61	135	817
248	200	94	38	78	28	48	53	218
1326	1216	467	150	490	259	110	523	2586
42	22	14	2	5	3	20	5	46
16	10	8	1	2		6		46
4468	3820	1443	590	1396	981	648	1401	6051
426	386	147	46	175	64	40	211	727
166	140	78	26	44	18	26	35	207
412	371	167	54	146	58	41	143	589
373	332	92	49	108	132	41	90	508
1336	1107	403	197	385	319	229	308	1536
339	294	104	44	93	97	45	140	755
431	385	163	61	164	58	46	232	778
570	510	209	83	163	138	60	121	484
263	219	63	29	77	79	44	41	282

系统及单位 System and unit	正式职工 总　计 Regular staff total	其中: 女性 Of which: Female
上海分院 Shanghai Branch	232	76
其中: 分院机关 Of which: Branch Office	24	6
江苏省 Jiangsu Province	826	235
紫金山天文台 Purple Mountain Observatory	239	75
南京地理与湖泊所研究所 Nanjing Inst. of Geography and Limnology	147	36
南京地质古生物研究所 Nanjing Inst. of Geology and Palaeontology	155	46
南京土壤研究所 Nanjing Inst. of Soil Science	252	66
南京分院 Nanjing Branch	33	12
其中: 分院机关 Of which: Branch Office	14	4
安徽省 Anhui Province	4940	1449
合肥物质科学研究院 Hefei Institutes of Physical Sciences	1475	388
中国科学技术大学 University of Science and Technology of China	3465	1061
江西省 Jiangxi Province	39	13
庐山疗养院 Lushan Sanatorium	39	13
山东省 Shandong Province	10	4
青岛疗养院 Qingdao Sanatorium	10	4
湖北省、湖南省 Hubei and Hunan provinces	1510	445
武汉物理与数学研究所 Wuhan Inst. of Physics and Mathematics	262	68
武汉岩土力学研究所 Wuhan Inst. of Rock and Soil Mechanics	313	68

干部 Cadres							工人 Workers	离、退休人员总数 Total retired personnel
合计 Total	专业技术人员 Professional and technical staff					行政管理人员 Adminis-trative staff		
	小计 Subtotal	高级 Senior	其中：正高级 Of which: Full professorship	中级 Middle level	初级及未定 Junior and others			
152	76	17	1	41	18	76	80	185
24	9	4	1	5		15		185
744	622	351	128	208	63	122	82	915
218	179	94	36	57	28	39	21	210
133	119	76	25	37	6	14	14	154
141	122	75	35	36	11	19	14	199
222	193	100	32	78	15	29	30	315
30	9	6			3	21	3	37
14	2	2				12		37
3995	3655	1677	605	1206	772	340	945	2280
1106	981	408	144	336	237	125	369	1079
2889	2674	1269	461	870	535	215	576	1201
16	2			2		14	23	16
16	2			2		14	23	16
2	1			1		1	8	2
2	1			1		1	8	2
1174	947	441	140	366	140	227	336	1326
211	178	89	29	68	21	33	51	277
196	170	71	22	74	25	26	117	277

系统及单位 System and unit	正式职工 总　计 Regular staff total	其中: 女性 Of which: Female
测量与地球物理研究所 Inst. of Geodesy and Geophysics	102	30
武汉植物园 Wuhan Botanical Garden	148	58
水生生物研究所 Inst. of Hydrobiology	252	66
武汉病毒研究所 Wuhan Inst. of Virology	132	47
亚热带农业生态研究所 Inst. of Subtropical Agriculture	95	28
武汉文献情报中心 Wuhan Documentation and Information Center	75	36
武汉分院 Wuhan Branch	131	44
其中: 分院机关 Of which: Branch Office	19	6
广东省 Guangdong Province	1162	321
广州地球化学研究所 Guangzhou Inst. of Geochemistry	266	81
南海海洋研究所 South China Sea Inst. of Oceanology	388	78
华南植物园 South China Botanical Garden	294	104
广州能源研究所 Guangzhou Inst. of Energy Conversion	171	48
广州分院 Guangzhou Branch	43	10
其中: 分院机关 Of which: Branch Office	19	6
四川省 Sichuan Province	1897	615
成都山地灾害与环境研究所 Chengdu Inst. of Mountain Hazards and Environment	229	74
成都生物研究所 Chengdu Inst. of Biology	306	122

干部 Cadres							工人 Workers	离、退休人员总数 Total retired personnel
合计 Total	专业技术人员 Professional and technical staff					行政管理人员 Administrative staff		
	小计 Subtotal	高级 Senior	其中：正高级 Of which: Full professorship	中级 Middle level	初级及未定 Junior and others			
86	75	42	18	26	7	11	16	61
114	94	38	12	37	19	20	34	114
204	161	84	30	62	15	43	48	211
117	98	45	13	38	15	19	15	140
76	63	40	11	13	10	13	19	67
71	62	23	4	27	12	9	4	52
99	46	9	1	21	16	53	32	127
19	8	5	1	2	1	11		127
978	788	342	143	307	139	190	184	1102
244	204	111	47	79	14	40	22	285
322	260	125	47	96	39	62	66	327
226	183	59	26	76	48	43	68	320
146	124	41	21	50	33	22	25	133
40	17	6	2	6	5	23	3	37
19	8	5	1	2	1	11		127
1292	1050	401	137	385	264	242	605	1649
203	161	82	42	51	28	42	26	169
263	223	89	31	93	41	40	43	240

系统及单位 System and unit	正式职工 总　计 Regular staff total	其中: 女性 Of which: Female
光电技术研究所 Inst. of Optics and Electronics	1176	340
成都文献情报中心 Chengdu Documentation and Information Center	67	31
成都分院 Chengdu Branch	119	48
其中：分院机关 Of which: Branch Office	19	9
云南省、贵州省 Yunnan and Guizhou provinces	964	313
地球化学研究所 Inst. of Geochemistry	249	69
昆明植物研究所 Kunming Inst. of Botany	220	70
西双版纳热带植物园 Xishuangbanna Tropical Botanical Garden	253	94
昆明动物研究所 Kunming Inst. of Zoology	200	65
昆明分院 Kunming Branch	42	15
其中：分院机关 Of which: Branch Office	15	6
陕西省 Shaanxi Province	1165	352
地球环境研究所 Inst. of Earth Environment	38	11
西安光学精密机械研究所 Xi'an Inst. of Optics and Fine Mechanics	635	206
国家授时中心 National Time Service Center	456	124
西安分院 Xi'an Branch	36	11
其中：分院机关 Of which: Branch Office	36	11
甘肃省、青海省 Gansu and Qinghai provinces	2245	657

干部 Cadres							工人 Workers	离、退休人员总数 Total retired personnel
合计 Total	专业技术人员 Professional and technical staff					行政管理人员 Adminis-trative staff		
	小计 Subtotal	高级 Senior	其中：正高级 Of which: Full professorship	中级 Middle level	初级及未定 Junior and others			
666	577	209	59	197	171	89	510	992
65	51	12	3	24	15	14	2	49
95	38	9	2	20	9	57	24	199
19	4	1	1	3		15		199
799	663	266	110	248	149	136	165	948
200	165	104	42	46	15	35	49	238
195	169	59	30	78	32	26	25	254
189	158	47	19	54	57	31	64	246
181	169	56	19	68	45	12	19	147
34	2			2		32	8	63
15						15		63
708	543	213	78	210	120	165	457	923
35	28	16	10	9	3	7	3	10
406	355	138	45	138	79	51	229	575
231	151	53	23	61	37	80	225	308
36	9	6		2	1	27		30
36	9	6		2	1	27		30
1901	1596	652	226	591	353	305	344	2103

系统及单位 System and unit	正式职工 总　计 Regular staff total	其中: 女性 Of which: Female
近代物理研究所 Inst. of Modern Physics	540	115
兰州化学物理研究所 Lanzhou Inst. of Chemical Physics	381	129
寒区旱区环境与工程研究所 Cold and Arid Regions Environmental and Engineering Research Inst.	543	127
兰州地质研究所 Lanzhou Inst. of Geology	91	26
青海盐湖研究所 Qinghai Inst. of Saline Lakes	217	68
西北高原生物研究所 Northwest Inst. of Plateau Biology	135	37
资源环境科学信息中心 Scientific Information Center for Resources and Environment	90	42
兰州分院 Lanzhou Branch	248	113
其中:　分院机关 Of which: Branch Office	22	8
新疆维吾尔自治区 Xinjiang Uygur Autonomous Region	763	283
新疆理化技术研究所 Xinjiang Technical Inst. of Physics and Chemistry	302	101
新疆生态与地理研究所 Xinjiang Inst. of Ecology and Geography	261	92
新疆分院 Xinjiang Branch	200	90
其中: 分院机关 Of which: Branch Office	16	4

干部 Cadres							工人 Workers	离、退休人员总数 Total retired personnel
合计 Total	专业技术人员 Professional and technical staff					行政管理人员 Adminis-trative staff		
	小计 Subtotal	高级 Senior	其中：正高级 Of which: Full professorship	中级 Middle level	初级及未定 Junior and others			
461	408	149	58	130	129	53	79	504
327	288	119	43	98	71	39	54	414
474	396	193	69	161	42	78	69	420
81	63	36	13	23	4	18	10	102
177	159	61	20	63	35	18	40	267
119	99	48	18	30	21	20	16	147
75	63	23	4	27	13	12	15	63
187	120	23	1	59	38	67	61	186
22	9	5	1	3	1	13		186
623	511	199	41	217	95	112	140	429
274	238	106	24	102	30	36	28	161
217	190	79	15	79	32	27	44	113
132	83	14	2	36	33	49	68	155
16	6	4	2	1	1	10		155

3-3 事业单位正式职工年龄情况(2004 年)
Age Distribution of CAS Regular Staff: 2004

单位: 人 (person)

	合 计 Total	30 岁以下 Under 30	30~34 岁 30~34	35~39 岁 35~39	40~44 岁 40~44	45~49 岁 45~49	50~54 岁 50~54	其中: 女性 Of which: Female	55~59 岁 55~59	60 岁及以上 60 and over
正式职工总数 Total regular staff	**43162**	**4713**	**5103**	**6850**	**8253**	**6845**	**6945**	**2275**	**3440**	**1013**
科研机构 Research units	34847	4001	4223	5532	6658	5345	5570	1813	2672	846
学校及公共支撑机构 School and public supporting organizations	6407	646	722	988	1218	1110	947	314	630	146
管理机构 Management organizations	1908	66	158	330	377	390	428	148	138	21
专业技术人员 Various kinds of professional staff	**29474**	**4355**	**4315**	**5205**	**5684**	**3570**	**3532**	**1553**	**1821**	**992**
科研机构 Research units	24639	3742	3663	4354	4722	2924	2978	1265	1422	834
学校及公共支撑机构 School and public supporting organizations	4165	566	577	702	821	545	451	229	358	145
管理机构 Management organizations	670	47	75	149	141	101	103	59	41	13
高级职称 Senior professionals	**13058**	**83**	**1223**	**2819**	**3233**	**1662**	**1766**	**664**	**1283**	**989**
科研机构 Research units	10954	69	1090	2450	2729	1355	1477	546	953	831
学校及公共支撑机构 School and public supporting organizations	1839	14	128	310	443	258	235	92	306	145
管理机构 Management organizations	265		5	59	61	49	54	26	24	13

	合 计 Total	30 岁以下 Under 30	30~34 岁 30~34	35~39 岁 35~39	40~44 岁 40~44	45~49 岁 45~49	50~54 岁 50~54	其中:女性 Of which: Female	55~59 岁 55~59	60 岁及以上 60 and over
正高级 Full professorship	**4871**	**6**	**167**	**889**	**1392**	**624**	**370**	**69**	**451**	**972**
科研机构 Research units	4139	3	150	813	1224	515	302	52	316	816
学校及公共支撑机构 School and public supporting organizations	657	3	17	69	152	90	55	15	127	144
管理机构 Management organizations	75			7	16	19	13	2	8	12
中级职称 Middle level professionals	**10852**	**1155**	**2270**	**1907**	**1914**	**1534**	**1572**	**798**	**497**	**3**
科研机构 Research units	9127	1016	1947	1531	1563	1286	1347	655	434	3
学校及公共支撑机构 School and public supporting organizations	1477	132	290	317	299	210	183	117	46	
管理机构 Management organizations	248	7	33	59	52	38	42	26	17	

3-4　事业单位正式职工学位和学历情况(2004 年)

CAS Regular Staff, by Academic Degree and Qualification: 2004

单位：人　　　　　　　　　　　　　　　　　　　　　　　　　　　　　(person)

	学　位 Academic degrees			学　历 Academic qualification				
	博士 Ph.D.	硕士 MS	学士 Bachelor	研究生 Post graduates	大学 University graduates	大专 Specialized higher school graduates	中专 Specialized secondary school graduates	其他 Others
总　计 Total	**6297**	**5456**	**6401**	**12013**	**11743**	**6716**	**1843**	**10847**
科研机构 Research units	5594	4566	5078	10306	9237	5143	1463	8698
数学、物理 Mathematics & physics	1193	670	944	1896	2203	1126	309	1963
化学与化工 Chemistry & chemical engineering	929	662	919	1608	1415	671	161	1155
地学 Earth sciences	1099	621	575	1765	1215	849	190	1058
生物学 Biological sciences	1170	914	937	2090	1536	964	326	1432
技术科学 Technological sciences	1173	1649	1683	2866	2826	1514	475	3084
其他 Others	30	50	20	81	42	19	2	6
学校及公共支撑机构 School and public supporting organizations	642	812	1078	1553	1942	1066	263	1583
管理机构 Management organizations	61	78	245	154	564	507	117	566

主要统计指标解释

1. 正式职工

指由本机构直接组织安排工作并支付工资的年末在册各类人员总数。包括固定职工、流动职工、国家有编制的合同制职工。不包括离退休人员和停薪留职人员。

2. 专业技术人员

指聘任了专业技术职务或专业技术职务见习期内的人员。

高级：指研究员、副研究员；教授、副教授；高级工程师；高级农艺师；正、副主任医(药、护、技)师；高级实验师；高级统计师；高级经济师；高级会计师；正、副编审；正、副译审；高级(主任)记者；正、副研究馆员等。

中级：指助理研究员；讲师；工程师；农艺师；主治医(药、护、技)师；实验师；统计师；经济师；会计师；编辑；翻译；记者；馆员等。

初级：指研究实习员；助教；助理工程师、技术员；助理农艺师、农业技术员；医(药、护、技)师、医(药、护、技)士；助理实验师、实验员；助理统计师、统计员；助理经济师；助理会计师、会计员；助理编辑、见习编辑；助理翻译；助理记者；助理馆员、管理员等。

3. 离、退休人员总数

指历年由本机构离、退休，并在本机构领取离、退休费的人员。

4. 学位和学历

指由人事部门或干部部门根据国家有关规定，填报的本机构职工总数中人员的学位和学历情况(均指获得的最高学位和最高学历)。

Explanatory Notes on Key Indicators

1. Regular staff

Regular staff refers to persons who are on the year end payroll, working directly under the management of an institution or unit and receiving remuneration for their work. It includes permanent staff, temporary staff, contract personnel and invited personnel. The retired and those who retain their posts with pay temporarily suspended are not included.

2. Professional and technical staff

This refers to those who have acquired professional or technical titles or who are in the probation period of those titles.

Senior: research fellow and associate research fellow, professor and associate professor, senior engineer, senior agronomist, chief (and associate chief) physician (pharmacist, nurse and technician), senior laboratorian, senior statistician, senior economist, senior accountant, senior editor and associate senior editor, translation editor and associate translation editor, senior journalist, senior librarian and associate librarian, and so on.

Intermediate: research associate, lecturer, engineer, agronomist, physician (pharmacist, nurse and technician) in charge, laboratorian, statistician, economist, accountant, editor, translator, journalist, librarian, and so on.

Junior: research assistant, teaching assistant, assistant engineer, technician, assistant agronomist, agrotechnician, physician (pharmacist, nurse and technician), assistant laboratorian, laboratory technician, assistant physician (pharmacist, nurse and technician), assistant statistician, statistical clerk, assistant economist, assistant accountant, accounting clerk, assistant editor, assistant translator, assistant journalist, library assistant, library clerk, and so on.

3. Total retired personnel

Total retired personnel refers to the total number of staff who retired from CAS and draw their pension from CAS.

4. Academic degrees and qualifications

This heading reflects the basic status of academic degrees and qualifications of the staff in a particular institution or unit, compiled by the personnel department according to relevant state regulations, and only the highest academic degrees and qualifications are recorded.

四、经 费

FUNDS

4-1 事业单位总收入、支出情况

Total Income and Expenditure of CAS Institutions

单位: 万元 (ten thousand yuan)

年 份 Year	总收入 Total income	比上年增长(%) Percentage of increase to that of last year	总支出 Total expenditure	比上年增长(%) Percentage of increase to that of last year
1986	89572	–	87591	13.0
1987	101817	13.7	93382	6.6
1988	126570	24.3	104103	11.5
1989	131026	3.5	115530	11.0
1990	149252	13.9	132041	14.3
1991	151004	1.2	145579	10.3
1992	188906	25.1	191372	31.5
1993	240277	27.2	237560	24.1
1994	290668	21.0	277266	16.7
1995	322500	11.0	313395	13.0
1996	324959	0.8	330587	5.5
1997	408797	25.8	364661	10.3
1998	493598	20.7	367110	0.7
1999	545206	10.5	426170	16.1
2000	713798	30.9	572464	34.3
2001	806083	12.9	696939	21.7
2002	1007421	25.0	877392	25.9
2003	977810	–2.9	990997	13.0
2004	1221649	24.9	1115258	12.5

注: 1. 表 4 以中国科学院财务决算口径统计。

Note: Table 4 is based on the specifications for CAS final financial accounts.

2. 1997 年起开始执行国家颁布的“科学事业单位财务制度”。

   Since 1997, the “Financial System for Scientific Institutions” issued by the State has been implemented.

3. “总收入”不包括基本建设投资、教育事业费收入。

   “The total income” does not include the investment of capital construction and education income.

4. 自 2001 年起，事业单位总收入和总支出中包括转制单位的财政补助收入及支出。

   Since 2001, the total income and expenditure of CAS scientific institutions has included the financial subsidiary income and expenditure of these transfered institutions.

5. “总收入”中的“财政补助收入”，包含 2003 年末结余未确认收入额度在 2004 年执行的部分。

   “The financial Subsidiary income in” the total income includes the non-confirmed part of 2003 income implemented in 2004.

4-2 事业单位总

Total Income of

单位: 万元

系统及单位 System and institute	合 计 Total	财政补助收 入 Financial subsidiary income	拨入专款 Special funds allocated
总 计 **Total**	**1221649**	**698254**	**21071**
一、按系统分 By system			
(一) 科研机构 Research units	974497	541941	10802
数学、物理 Mathematics & physics	194372	120977	1980
化学与化工 Chemistry & chemical engineering	146404	72287	678
地学 Earth sciences	136715	85012	3989
生物学 Biological sciences	186137	123950	2203
技术科学 Technological sciences	306694	136656	1870
其他 Others	4175	3059	82
(二) 学校及公共支撑机构 School and public supporting organizations	128371	70462	509
技术支撑 Technical supporting organizations	41227	24805	16
学校 School	48716	27181	361
文献情报、新闻出版 Documentation information & publication	21240	15039	132
服务与福利 Service & welfare	17188	3437	
(三) 管理机构 Management organizations	108800	76023	9736
中国科学院本部 CAS Head Office	76930	57829	622
地区管理部门 CAS Branches	31870	18194	9114
(四) 其他 Others	9980	9829	28

收入情况(2004 年)

CAS Institutions: 2004

(ten thousand yuan)

事业收入 Operating income					经营收入 Business income	其他收入 Other income
	科研收入 Scientific research income	技术收入 Technical income	试制产品收入 Trial-production income	预算外资金收入 Income from non-budgetary funds		
404199	**341096**	**38053**	**8292**	**8711**	**21274**	**76851**
359607	313473	31262	8175	681	20223	41926
60123	51762	4642	2247	433	6418	4877
66877	53080	11906	1475		1678	4884
41311	37736	3150	31	8	1096	5307
50924	41279	6094			928	8130
139767	129018	5462	4422	240	10042	18362
605	598	8			61	366
42769	27531	6551	117	6539	328	14306
15859	12814	3046			48	499
20775	14123	917	117	5619		400
5305	594	2588		90	196	568
830				830	84	12839
1806	91	224		1492	723	20511
8				8		18470
1798	91	224		1484	723	2041
17		17				106

系统及单位 System and institute	合 计 Total	财政补助收入 Financial subsidiary income	拨入专款 Special funds allocated
二、按科研单位分 By institute	974497	541941	10802
北京市 Beijing	418191	232692	4299
数学与系统科学研究院 Academy of Mathematics & Systems Science	10452	6419	120
物理研究所 Inst. of Physics	18903	10207	322
声学研究所 Inst. of Acoustics	23977	10433	367
理论物理研究所 Inst. of Theoretical Physics	1701	1280	21
理化技术研究所 Technical Inst. of Physics and Chemistry	11199	4341	30
高能物理研究所 Inst. of High Energy Physics	25490	19985	548
国家天文台 National Astronomical Observatories of China	21382	14547	150
力学研究所 Inst. of Mechanics	9657	5103	182
化学研究所 Inst. of Chemistry	15660	10352	26
生态环境研究中心 Research Center for Eco-Environmental Sciences	11287	5224	106
国家纳米科学中心 National Center for Nano Science and Technology of China	922	812	
过程工程研究所 Inst. of Process Engineering	8953	5184	16
地理科学与资源研究所 Inst. of Geographical Sciences and Natural Resources Research	18585	9914	540
青藏高原研究所 Inst. of Qinghai-Tibet Plateau	6442	4932	8
遥感应用研究所 Inst. of Remote Sensing Application	7738	3951	115
地质与地球物理研究所 Inst. of Geology and Geophysics	14534	9095	441
古脊椎动物与古人类研究所 Inst. of Vertebrate Paleontology and Paleoanthropology	3408	2431	14

续表 4-2

事业收入 Operating income	科研收入 Scientific research income	技术收入 Technical income	试制产品收入 Trial-production income	预算外资金收入 Income from non-budgetary funds	经营收入 Business income	其他收入 Other income
359607	313473	31262	8175	681	20223	41926
143765	130973	6797	3941	16	11025	26412
2233	1872					1680
7946	7473	135			258	171
12048	11226	822			1045	84
304	304				15	80
6158	3276	881	2001		563	107
2807	2794				1727	422
6410	5697	655	57		238	37
3671	3075	389	187	15	376	325
5246	4792	454			4	32
5799	5637	162				158
90	90					20
1393	1355	30	1		110	2250
5705	5705				76	2349
3	3					1500
3576	3294	221			93	4
4916	4916					82
864	744				92	8

系统及单位 System and institute	合 计 Total	财政补助收 入 Financial subsidiary income	拨入专款 Special funds allocated
大气物理研究所 Inst. of Atmospheric Physics	8399	5618	68
植物研究所 Inst. of Botany	12374	9117	110
动物研究所 Inst. of Zoology	10080	6832	64
心理研究所 Inst. of Psychology	3012	1543	118
微生物研究所 Inst. of Microbiology	8731	6071	27
生物物理研究所 Inst. of Biophysics	12701	9826	118
遗传与发育生物学研究所 Inst. of Genetics and Developmental Biology	16864	9577	280
北京基因组研究所 Beijing Genomics Inst.	1247	1029	
计算技术研究所 Inst. of Computing Technology	29764	8020	25
软件研究所 Inst. of Software	11533	4676	15
半导体研究所 Inst. of Semiconductors	12382	7773	12
微电子研究所 Inst. of Microelectronics	15788	10369	184
电子学研究所 Inst. of Electronics	18639	6302	17
光电研究院 Inst. of Optoelectronics	2868	1739	1
自动化研究所 Inst. of Automation	9055	3908	24
电工研究所 Inst. of Electric Engineering	8735	5165	10
工程热物理研究所 Inst. of Engineering Thermophysics	4746	2166	7
空间科学与应用研究中心 Center for Space Science and Applied Research	16808	5692	131
自然科学史研究所 Inst. of History of Natural Sciences	1716	1271	76
科技政策与管理科学研究所 Inst. of Policy and Management	2459	1788	6

事业收入 Operating income					经营收入 Business income	其他收入 Other income
	科研收入 Scientific research income	技术收入 Technical income	试制产品收入 Trial-production income	预算外资金收入 Income from non-budgetary funds		
2494	2172	283		1	94	125
2898	2630	91				249
2888	2691	52			85	211
412	322					939
2584	1827	676			34	16
1739	1402	111			298	720
4875	4875				124	2009
217	209					
10798	9452	1134				10922
6475	6350	78			322	45
4096	4034	62			199	302
2045	1667	379			2999	190
12224	10265	174	1695		75	22
948	948					181
4308	4288				731	84
3047	3047				225	288
2176	2176				96	300
9767	9767				1085	134
44	43	2			25	300
561	555	6			36	66

系统及单位 System and institute	合 计 Total	财政补助收 入 Financial subsidiary income	拨入专款 Special funds allocated
山西省 Shanxi Province	11051	5004	14
山西煤炭化学研究所 Shanxi Inst. of Coal Chemistry	11051	5004	14
辽宁省 、山东省 Liaoning and Shandong provinces	76667	41597	936
大连化学物理研究所 Dalian Inst. of Chemical Physics	22973	10920	147
沈阳应用生态研究所 Shenyang Inst. of Applied Ecology	5090	3385	40
沈阳自动化研究所 Shenyang Inst. of Automation	14400	5207	400
金属研究所 Inst. of Metals Research	19318	11578	17
海洋研究所 Inst. of Oceanology	14886	10507	332
吉林省 Jilin Province	52657	27753	247
长春应用化学研究所 Changchun Inst. of Applied Chemistry	13438	8466	135
东北地理与农业生态研究所 Northeast Inst. of Geography and Agricultural Ecology	3961	3275	47
长春光学精密机械与物理研究所 Changchun Inst. of Optics, Fine Mechanics and Physics	35258	16012	65
上海市、福建省 Shanghai, Fujian Province	188722	93789	693
上海应用物理研究所 Shanghai Inst. of Applied Physics	10535	7155	23
上海天文台 Shanghai Observatory	4959	2753	7
上海硅酸盐研究所 Shanghai Inst. of Ceramics	26472	5659	42
上海有机化学研究所 Shanghai Inst. of Organic Chemistry	16407	8214	77
上海生命科学研究院 Shanghai Institutes for Biological Sciences	59532	36910	177
上海微系统与信息技术研究所 Shanghai Inst. of Microsystem and Information Technology	23147	13314	60
上海光学精密机械研究所 Shanghai Inst. of Optics and Fine Mechanics	16274	8707	112

续表 4-2

事业收入 Operating income	科研收入 Scientific research income	技术收入 Technical income	试制产品收入 Trial-production income	预算外资金收入 Income from non-budgetary funds	经营收入 Business income	其他收入 Other income
5939	5566	283	82		95	
5939	5566	283	82		95	
31231	23450	5977	1392		157	2746
11605	6747	3358	1392		108	193
1625	1231	245				40
6157	3796	2324				2636
7627	7509					97
4217	4167	50			49	-220
24436	23960	118		220		222
4729	4669					108
639	492	118		7		1
19068	18799			213		113
81262	64655	13635	2496		5947	7029
2264	1170	1069			879	214
2086	2082		2		34	80
20026	17023	2979			352	393
7022	3281	3573			831	262
19936	15603	4099			127	2381
6040	3241	383	2416		3261	470
7027	6871	156			208	219

系统及单位 System and institute	合 计 Total	财政补助收 入 Financial subsidiary income	拨入专款 Special funds allocated
上海技术物理研究所 Shanghai Inst. of Technical Physics	24185	7735	117
福建物质结构研究所 Fujian Inst. of Research on the Structure of Matter	7211	3342	78
江苏省 Jiangsu Province	22348	12361	195
紫金山天文台 Purple Mountain Observatory	6490	3182	20
南京地理与湖泊研究所 Nanjing Inst. of Geography and Limnology	3073	1971	79
南京地质古生物研究所 Nanjing Inst. of Geology and Palaeontology	4935	2784	30
南京土壤研究所 Nanjing Inst. of Soil Science	7850	4424	66
安徽省 Anhui Province	25876	18771	127
合肥物质科学研究院 Hefei Institutes of Physical Sciences	23874	17470	125
合肥智能机械研究所 Hefei Inst. of Intelligent Machines	2002	1301	2
湖北省、湖南省 Hubei and Hunan provinces	27336	18353	129
武汉物理与数学研究所 Wuhan Inst. of Physics and Mathematics	4839	3551	15
武汉岩土力学研究所 Wuhan Inst. of Rock and Soil Mechanics	6703	2171	14
测量与地球物理研究所 Inst. of Geodesy and Geophysics	2435	2068	5
武汉植物园 Wuhan Botanical Garden	4059	3314	2
水生生物研究所 Inst. of Hydrobiology	4464	3648	90
武汉病毒研究所 Wuhan Inst. of Virology	2730	1770	2
亚热带农业生态研究所 Inst. of Subtropical Agriculture	2106	1831	1
广东省 Guangdong Province	35796	22341	3612
广州地球化学研究所 Guangzhou Inst. of Geochemistry	7245	3402	976

续表 4-2

事业收入 Operating income	科研收入 Scientific research income	技术收入 Technical income	试制产品收入 Trial-production income	预算外资金收入 Income from non-budgetary funds	经营收入 Business income	其他收入 Other income
14501	13919	503	78		199	1634
2360	1465	873			56	1376
8543	8117				409	840
2868	2616				54	366
989	986					34
1410	1410				327	385
3276	3105				28	55
5007	3830	709	30	418	1267	705
4439	3311	690		418	1190	651
568	519	19	30		77	54
7944	7372	377			46	863
1067	1046					206
4168	4168					350
295	295					67
724	272	312				19
537	493	33			38	151
909	865	31			8	40
244	233	1				30
9922	6998	2479	31		151	–233
3519	2814	688			31	–685

系统及单位 System and institute	合 计 Total	财政补助收 入 Financial subsidiary income	拨入专款 Special funds allocated
南海海洋研究所 South China Sea Inst. of Oceanology	10566	5676	1108
华南植物园 South China Botanical Garden	12544	10145	1018
广州能源研究所 Guangzhou Inst. of Energy Conversion	5441	3118	510
四川省 Sichuan Province	31306	14490	33
成都山地灾害与环境研究所 Chengdu Inst. of Mountain Hazards and Environment	4010	2852	7
成都生物研究所 Chengdu Inst. of Biology	4425	2600	9
光电技术研究所 Inst. of Optics and Electronics	22871	9038	17
云南省、贵州省 Yunnan and Guizhou provinces	20577	13143	208
昆明植物研究所 Kunming Inst. of Botany	5646	3491	26
昆明动物研究所 Kunming Inst. of Zoology	4834	4070	31
西双版纳热带植物园 Xishuangbanna Tropical Botanical Garden	4903	2366	19
地球化学研究所 Inst. of Geochemistry	5194	3216	132
陕西省 Shaanxi Province	16150	6225	144
西安光学精密机械研究所 Xi'an Inst. of Optics and Fine Mechanics	13480	4836	144
地球环境研究所 Inst. of Earth Environment	2670	1389	
甘肃省、青海省 Gansu and Qinghai provinces	38384	28429	141
近代物理研究所 Inst. of Modern Physics	9961	8945	30
兰州化学物理研究所 Lanzhou Inst. of Chemical Physics	8274	5791	33
寒区旱区环境与工程研究所 Cold and Arid Regions Environmental and Engineering Research Inst.	12005	7318	65

续表 4-2

事业收入 Operating income	科研收入 Scientific research income	技术收入 Technical income	试制产品收入 Trial-production income	预算外资金收入 Income from non-budgetary funds	经营收入 Business income	其他收入 Other income
3654	1875	1689	31			128
1096	706	52			26	258
1653	1603	50			94	66
15091	14848	242			269	1425
1127	1127					24
878	836	42			80	859
13086	12885	200			189	542
6139	3985	396			77	1008
2098	1993	105				31
639	639					94
2490	488	244				27
912	865	47			77	856
8902	8628		203	27	282	597
8156	7882		203	27	282	63
746	746					534
9038	8703	249			498	280
871	869	1			39	77
2348	2146	183			32	70
4310	4214	30			203	110

系统及单位 System and institute	合 计 Total	财政补助 收 入 Financial subsidiary income	拨入专款 Special funds allocated
兰州地质研究所 Lanzhou Inst. of Geology	1443	1055	4
青海盐湖研究所 Qinghai Inst. of Saline Lakes	3756	3319	4
西北高原生物研究所 Northwest Inst. of Plateau Biology	2945	2001	5
新疆维吾尔自治区 Xinjiang Uygur Autonomous Region	9436	6993	24
新疆理化技术研究所 Xinjiang Technical Inst. of Physics and Chemistry	4250	3435	6
新疆生态与地理研究所 Xinjiang Inst. of Ecology and Geography	5186	3558	18

注: 1. “财政补助收入”含世界银行贷款还款 20.58 万元。

Note: “Financial subsidiary income” includes 20.58 million yuan of the World Bank Loans.

2. 除“财政补助收入”外，其他各项收入均不含本单位转拨外单位经费。

Except “the financial subsidiary income”, all other incomes do not include funds allocated by the institution

续表 4-2

事业收入 Operating income					经营收入 Business income	其他收入 Other income
	科研收入 Scientific research income	技术收入 Technical income	试制产品收入 Trial-production income	预算外资金收入 Income from non-budgetary funds		
330	306	24			54	
320	309	11			90	22
859	859				80	1
2388	2388					32
783	783					27
1605	1605					5

to other units.

4-3 事业单位总

Total Expenditure of

单位：万元

系统及单位 System and institute	合 计 Total	人员支出 Personnel expenditure	基本工资 Basic salary	补助工资 Subsidiary salary
总 计 Total	**1115258**	**357167**	**50116**	**90131**
一、按系统分 By system				
(一) 科研机构 Research units	954649	307032	44310	79205
数学、物理 Mathematics & physics	192481	67411	9182	16457
化学与化工 Chemistry & chemical engineering	141981	45139	5900	9969
地学 Earth sciences	138375	45262	7440	12239
生物学 Biological sciences	182690	59132	7813	17049
技术科学 Technological sciences	295650	88381	13716	23016
其他 Others	3472	1707	259	475
(二) 学校及公共支撑机构 School and public supporting organizations	111286	28030	3245	8627
技术支撑 Technical supporting organizations	31415	5966	797	1476
学校 School	47536	11041	755	5055
文献情报、新闻出版 Documentation, information & publication	20184	6014	706	1473
服务与福利 Service & welfare	12151	5009	987	623
(三) 管理机构 Management organizations	39894	14313	2269	2116
中国科学院本部 CAS Head Office	23278	7440	897	668

支出情况(2004 年)

CAS Institutions: 2004

(ten thousand yuan)

其他工资 Other salaries	社会保障费 Social security expenditure	公用支出 Public expenditure	公务费 Official business spending	业务费 Expenditure for professional activity	设备购置费 Expenditure for purchasing equipment	修缮费 Renovation fees	结转自筹基建 Balanced and transferred self-raised capital construction funds	专款支出 Designated expenditure
40454	**138746**	**745189**	**70708**	**354852**	**180297**	**70050**	**34359**	**12902**
34556	114535	637322	56334	311054	153303	59641	31627	10292
8937	25823	123271	10533	55293	37888	10690	2209	1802
7400	15772	96115	5730	47232	22097	7344	9672	727
4257	17064	89445	10644	41948	22204	6205	2802	3663
4844	22417	121318	12093	47319	33077	22528	2893	2239
8902	32856	205496	17074	118215	37779	12810	14051	1773
216	603	1677	260	1047	258	64		88
3368	10274	82722	10242	31837	24721	8137	789	534
1672	1485	25440	1080	15017	5585	1181	672	9
691	3148	36106	7434	10713	10992	5151	27	388
693	2834	14040	1303	3862	8034	335	90	132
312	2807	7136	425	2245	110	1470		5
2516	7141	23530	3763	11594	2062	2043	1942	2049
1834	3975	15045	2098	9967	1126	201		793

系统及单位 System and institute	合 计 Total	人员支出 Personnel expenditure	基本工资 Basic salary	补助工资 Subsidiary salary
地区管理部门 CAS Branches	16616	6873	1372	1448
(四) 其 他 Others	9434	7794	292	179
二、按科研单位分 By institute	954649	307032	44310	79205
北京市 Beijing	396071	145375	18158	33524
数学与系统科学研究院 Academy of Mathematics & Systems Science	9792	3631	455	1096
物理研究所 Inst. of Physics	18131	6277	607	1200
声学研究所 Inst. of Acoustics	19576	7286	996	1304
理论物理研究所 Inst. of Theoretical Physics	1972	729	103	271
理化技术研究所 Technical Inst. of Physics and Chemistry	12597	4524	620	950
高能物理研究所 Inst. of High Energy Physics	26175	10195	1189	1941
国家天文台 National Astronomical Observatories of China	17903	4691	713	1454
力学研究所 Inst. of Mechanics	10107	4557	473	820
化学研究所 Inst. of Chemistry	16119	7783	938	714
生态环境研究中心 Research Center for Eco-Environmental Sciences	9910	3025	93	730
国家纳米科学中心 National Center for Nano Science and Technology of China	395	183	72	91
过程工程研究所 Inst. of Processing Engineering	7957	2954	336	666
地理科学与资源研究所 Inst. of Geographical Sciences and Natural Resources Research	18790	5492	790	1420
青藏高原研究所 Inst. of Qinghai-Tibet Plateau	2111	208	98	30

其他工资 Other salaries	社会保障费 Social security expenditure	公用支出 Public expenditure	公务费 Official business spending	业务费 Expenditure for professional activity	设备购置费 Expenditure for purchasing equipment	修缮费 Renovation fees	结转自筹基建 Balanced and transferred self-raised capital construction funds	专款支出 Designated expenditure
682	3166	8485	1665	1627	936	1842	1942	1256
18	6793	1611	370	368	212	225		28
34556	114535	637322	56334	311054	153303	59641	31627	10292
19119	57696	246714	29622	121856	54198	17571	10026	3980
491	1098	6047	1380	3215	1040	211		114
1094	2022	11598	1548	3595	3931	360	256	256
1684	2468	12224	844	9346	1514	429		67
68	200	1222	169	718	226	8		21
683	1744	8043	568	5087	1740	639		31
1513	4834	15231	1304	6227	3330	2105		749
436	1746	13065	778	4735	5100	1776		148
482	2296	5367	502	2495	1707	179	296	182
2543	2498	8310	794	3408	2810	914	142	26
763	1032	6778	499	4440	894	125	594	107
17	1	212	18	55	138			
278	1214	4979	717	1161	906	2128		24
194	2223	12817	1109	6952	1911	665	2000	480
33	12	1903	218	174	244	88		

系统及单位 System and institute	合 计 Total	人员支出 Personnel expenditure	基本工资 Basic salary	补助工资 Subsidiary salary
遥感应用研究所 Inst. of Remote Sensing Application	7595	2148	264	492
地质与地球物理研究所 Inst. of Geology and Geophysics	17599	5409	926	1935
古脊椎动物与古人类研究所 Inst. of Vertebrate Paleontology and Paleoanthropology	3064	1464	169	451
大气物理研究所 Inst. of Atmospheric Physics	9007	2764	387	964
植物研究所 Inst. of Botany	14880	6675	1062	931
动物研究所 Inst. of Zoology	9602	4487	355	1397
心理研究所 Inst. of Psychology	3280	1181	120	374
微生物研究所 Inst. of Microbiology	8415	3958	391	1040
生物物理研究所 Inst. of Biophysics	12990	4199	308	843
遗传与发育生物学研究所 Inst. of Genetics and Developmental Biology	14930	5130	571	1413
北京基因组研究所 Beijing Genomics Inst.	1059			
计算技术研究所 Inst. of Computing Technology	25022	9116	925	1232
软件研究所 Inst. of Software	10456	5194	819	1210
半导体研究所 Inst. of Semiconductors	13401	6986	610	1297
微电子研究所 Inst. of Microelectronics	11416	4090	221	1637
电子学研究所 Inst. of Electronics	15934	6277	797	1732
光电研究院 Inst. of Optoelectronics	2621	1079	190	499
自动化研究所 Inst. of Automation	9823	3419	782	331

续表 4-3

其他工资 Other salaries	社会保障费 Social security expenditure	公用支出 Public expenditure	公务费 Official business spending	业务费 Expenditure for professional activity	设备购置费 Expenditure for purchasing equipment	修缮费 Renovation fees	结转自筹基建 Balanced and transferred self-raised capital construction funds	专款支出 Designated expenditure
73	880	5333	294	4025	763	121	108	115
451	1645	11749	2239	3702	3356	718		441
71	682	1590	267	766	487	70		9
69	1204	6205	1949	2826	1080	170		37
703	3505	8059	1311	2469	2063	1896		146
330	1997	5076	445	2893	1476	259		39
133	398	1997	329	567	550	175		102
503	1770	4430	725	1981	1066	652		27
277	2394	8697	1844	1766	3848	309	900	93
875	1693	9542	1234	5589	2319	400		258
		1059		947	81			
1607	4575	15873	1160	7653	1579	242	4800	32
779	1382	5254	944	3257	616	314		8
752	3232	6402	1104	2710	1746	276	503	12
702	1325	7143	120	3345	2588	128		184
47	3047	9629	1455	6198	1608	92	200	28
311	12	1542	250	882	336	17		1
636	988	6389	1722	2960	736	280		15

系统及单位 System and institute	合 计 Total	人员支出 Personnel expenditure	基本工资 Basic salary	补助工资 Subsidiary salary
电工研究所 Inst. of Electric Engineering	8389	3474	917	1002
工程热物理研究所 Inst. of Engineering Thermophysics	5856	1454	183	424
空间科学与应用研究中心 Center for Space Science and Applied Research	15725	3629	419	1158
自然科学史研究所 Inst. of History of Natural Sciences	1460	850	162	212
科技政策与管理科学研究所 Inst. of Policy and Management	2012	857	97	263
山西省 Shanxi Province	10505	3777	553	661
山西煤炭化学研究所 Shanxi Inst. of Coal Chemistry	10505	3777	553	661
辽宁省 、山东省 Liaoning and Shandong provinces	72479	23696	3691	5904
大连化学物理研究所 Dalian Inst. of Chemical Physics	22728	7205	888	1369
沈阳应用生态研究所 Shenyang Inst. of Applied Ecology	5292	2165	384	623
沈阳自动化研究所 Shenyang Inst. of Automation	13774	3077	448	995
金属研究所 Inst. of Metals Research	18918	5614	1260	1686
海洋研究所 Inst. of Oceanology	11767	5635	711	1231
吉林省 Jilin Province	61147	16410	3000	3724
长春应用化学研究所 Changchun Inst. of Applied Chemistry	16646	4909	1192	1026
东北地理与农业生态研究所 Northeast Inst. of Geography and Agricultural Ecology	4461	1960	318	497
长春光学精密机械与物理研究所 Changchun Inst. of Optics，Fine Mechanics and Physics	40040	9541	1490	2201
上海市、福建省 Shanghai, Fujian Province	180162	44406	6666	16067

其他工资 Other salaries	社会保障费 Social security expenditure	公用支出 Public expenditure	公务费 Official business spending	业务费 Expenditure for professional activity	设备购置费 Expenditure for purchasing equipment	修缮费 Renovation fees	结转自筹基建 Balanced and transferred self-raised capital construction funds	专款支出 Designated expenditure
27	972	4905	483	3437	694	223		10
259	416	4398	447	1736	502	1458	227	4
19	1588	11969	592	9492	955	80		126
25	405	534	66	215	144	61		76
191	198	1143	194	832	114	3		12
772	1279	6720	–194	5115	1369	132	282	7
772	1279	6720	–194	5115	1369	132	282	7
2963	8031	48044	4439	24067	12554	3312	1781	739
933	2716	15376	748	8883	4450	901		147
257	654	3098	261	1783	660	29		30
93	1161	10297	1673	6702	815	73	1013	400
618	1260	13287	888	3907	5003	1877	768	17
1062	2240	5986	869	2792	1626	432		145
486	7648	44452	3822	26818	9574	2279	1461	286
37	1796	11564	1986	3032	3805	993	1461	174
342	679	2450	547	772	913	186		51
107	5173	30438	1289	23014	4856	1100		61
4575	11473	135105	5273	61996	31273	20420	11760	652

系统及单位 System and institute	合 计 Total	人员支出 Personnel expenditure	基本工资 Basic salary	补助工资 Subsidiary salary
上海应用物理研究所 Shanghai Inst. of Applied Physics	12635	4254	655	1383
上海天文台 Shanghai Observatory	5122	1703	318	563
上海硅酸盐研究所 Shanghai Inst. of Ceramics	24733	4496	472	1453
上海有机化学研究所 Shanghai Inst. of Organic Chemistry	15521	4484	465	1604
上海生命科学研究院 Shanghai Institutes for Biological Sciences	54877	13814	2046	6364
上海微系统与信息技术研究所 Shanghai Inst. of Microsystem and Information Technology	18294	3651	718	422
上海光学精密机械研究所 Shanghai Inst. of Optics and Fine Mechanics	18795	4840	479	1790
上海技术物理研究所 Shanghai Inst. of Technical Physics	23832	4887	1282	1788
福建物质结构研究所 Fujian Inst. of Research on the Structure of Matter	6353	2277	231	700
江苏省 Jiangsu Province	24773	9585	902	2752
紫金山天文台 Purple Mountain Observatory	6603	2971	343	1182
南京地理与湖泊研究所 Nanjing Inst. of Geography and Limnology	4237	1578	118	485
南京地质古生物研究所 Nanjing Inst. of Geology and Palaeontology	5022	2222	217	499
南京土壤研究所 Nanjing Inst. of Soil Science	8911	2814	224	586
安徽省 Anhui Province	26593	8938	1357	2809
合肥物质科学研究院 Hefei Institutes of Physical Sciences	25017	8146	1254	2555
合肥智能机械研究所 Hefei Inst. of Intelligent Machines	1576	792	103	254
湖北省、湖南省 Hubei and Hunan provinces	30040	9489	1671	2177

续表 4-3

其他工资 Other salaries	社会保障费 Social security expenditure	公用支出 Public expenditure	公务费 Official business spending	业务费 Expenditure for professional activity	设备购置费 Expenditure for purchasing equipment	修缮费 Renovation fees	结转自筹基建 Balanced and transferred self-raised capital construction funds	专款支出 Designated expenditure
510	1223	8358	736	2854	2543	2066		23
261	387	3413	606	1063	1426	254		7
695	1419	20189	142	12825	3243	400	1453	48
858	1076	10962	139	4254	1288	912	4000	74
296	2914	40905	1524	13915	11381	11851	1015	158
854	1038	14608	264	9792	2777	1463	309	35
542	1450	13843	1589	4845	2609	1986	2668	112
225	1145	18829	197	11089	5127	927	1449	117
334	821	3998	76	1359	879	561	866	78
998	4361	14934	1524	7323	3276	1886	200	255
294	1047	3612	558	1296	1117	471		20
22	776	2643	422	1261	568	169	200	16
346	1073	2651	124	1732	288	480		149
336	1465	6028	420	3034	1303	766		70
516	3520	17534	923	6502	7974	1388	77	121
460	3306	16751	786	6017	7863	1364	77	120
56	214	783	137	485	111	24		1
848	3363	20454	1972	10264	3884	2906	1303	96

系统及单位 System and institute	合 计 Total	人员支出 Personnel expenditure	基本工资 Basic salary	补助工资 Subsidiary salary
武汉物理与数学研究所 Wuhan Inst. of Physics and Mathematics	4809	2001	366	369
武汉岩土力学研究所 Wuhan Inst. of Rock and Soil Mechanics	6413	2078	246	393
测量与地球物理研究所 Inst. of Geodesy and Geophysics	1797	897	104	358
武汉植物园 Wuhan Botanical Garden	4292	1073	114	388
水生生物研究所 Inst. of Hydrobiology	7575	1749	574	146
武汉病毒研究所 Wuhan Inst. of Virology	3136	1094	160	307
亚热带农业生态研究所 Inst. of Subtropical Agriculture	2018	597	107	216
广东省 Guangdong Province	32801	8617	1500	2379
广州地球化学研究所 Guangzhou Inst. of Geochemistry	9939	2575	466	753
南海海洋研究所 South China Sea Inst. of Oceanology	9156	2769	567	665
华南植物园 South China Botanical Garden	8671	1953	246	483
广州能源研究所 Guangzhou Inst. of Energy Conversion	5035	1320	221	478
四川省 Sichuan Province	30079	10293	1789	3152
成都山地灾害与环境研究所 Chengdu Inst. of Mountain Hazards and Environment	4069	1255	265	225
成都生物研究所 Chengdu Inst. of Biology	4661	2340	406	483
光电技术研究所 Inst. of Optics and Electronics	21349	6698	1118	2444
云南省、贵州省 Yunnan and Guizhou provinces	21058	6895	862	1770
昆明植物研究所 Kunming Inst. of Botany	5084	1447	108	435

续表 4-3

其他工资 Other salaries	社会保障费 Social security expenditure	公用支出 Public expenditure	公务费 Official business spending	业务费 Expenditure for professional activity	设备购置费 Expenditure for purchasing equipment	修缮费 Renovation fees	结转自筹基建 Balanced and transferred self-raised capital construction funds	专款支出 Designated expenditure
122	812	2795	143	1364	834	254	200	13
532	715	4321	191	3414	342	133	200	14
106	224	896	70	586	111	129		4
31	370	3217	259	994	398	1562		2
	657	5766	994	2399	912	647	814	60
48	404	2039	238	567	938	131	89	2
9	181	1420	77	940	349	50		1
843	2898	20729	1645	7174	5676	4198	231	3455
316	786	6480	435	1480	2281	806	100	884
143	1088	5279	549	2868	1153	562		1108
309	623	5700	378	1087	1693	2443	75	1018
75	401	3270	283	1739	549	387	56	445
1448	3181	19750	963	12881	3469	1622	68	36
204	431	2806	95	1748	737	181		7
328	751	2314	237	1141	702	189		8
916	1999	14630	631	9992	2030	1252	68	21
484	2980	13795	1960	5966	4213	1110		367
86	640	3619	261	1962	699	358		17

系统及单位 System and institute	合 计 Total	人员支出 Personnel expenditure	基本工资 Basic salary	补助工资 Subsidiary salary
昆明动物研究所 Kunming Inst. of Zoology	4268	1175	219	288
西双版纳热带植物园 Xishuangbanna Tropical Botanical Garden	5847	2195	259	364
地球化学研究所 Inst. of Geochemistry	5859	2078	276	683
陕西省 Shaanxi Province	19295	3456	779	504
西安光学精密机械研究所 Xi'an Inst. of Optics and Fine Mechanics	15394	3243	734	436
地球环境研究所 Inst. of Earth Environment	3901	213	45	68
甘肃省、青海省 Gansu and Qinghai provinces	39645	13218	2468	3268
近代物理研究所 Inst. of Modern Physics	12199	3283	508	837
兰州化学物理研究所 Lanzhou Inst. of Chemical Physics	6735	2532	393	611
寒区旱区环境与工程研究所 Cold and Arid Regions Environmental and Engineering Research Institute	12098	4046	1041	873
兰州地质研究所 Lanzhou Inst. of Geology	1332	757	100	235
青海盐湖研究所 Qinghai Inst. of Saline Lakes	4379	1514	267	344
西北高原生物研究所 Northwest Inst. of Plateau Biology	2902	1086	159	368
新疆维吾尔自治区 Xinjiang Uygur Autonomous Region	10001	2877	914	514
新疆理化技术研究所 Xinjiang Technical Inst. of Physics and Chemistry	3430	1085	336	139
新疆生态与地理研究所 Xinjiang Inst. of Ecology and Geography	6571	1792	578	375

续表 4-3

其他工资 Other salaries	社会保障费 Social security expenditure	公用支出 Public expenditure	公务费 Official business spending	业务费 Expenditure for professional activity	设备购置费 Expenditure for purchasing equipment	修缮费 Renovation fees	结转自筹基建 Balanced and transferred self-raised capital construction funds	专款支出 Designated expenditure
117	423	3699	870	918	1687	193		(606)
153	1153	2842	533	1376	516	395		810
128	764	3635	296	1710	1311	164		146
281	1511	15695	1948	6243	4437	631	2384	144
277	1478	12007	1846	4980	2542	611	1990	144
4	33	3688	102	1263	1895	20	394	
976	5633	26284	1770	12615	8729	993	2054	142
186	1520	8885	247	3335	3681	402	1180	31
138	1158	4176	509	2232	1327	61		27
524	1432	7990	394	5272	2242	81		62
43	336	571	171	317	55	9		3
32	762	2851	296	468	988	217	874	15
53	425	1811	153	991	436	223		4
247	961	7112	667	2234	2677	1193		12
121	405	2339	173	532	1494	39		6
126	556	4773	494	1702	1183	1154		6

主要统计指标解释

1. 事业单位总收入情况

财政补助收入 指单位从财政部门取得的科学事业费、房改经费。

拨入专款 指单位从没有直接部门预算管理关系的财政部门、上级单位或其他单位取得的有指定用途的专项资金，如从人事部取得的政府津贴、院士津贴。

事业收入 指单位开展专业业务活动及其辅助活动取得的收入，包括科研收入、技术收入、学术活动收入、科普活动收入、试制产品收入、预算外资金收入等。

科研收入 指单位承担科研课题(项目)和接受委托研制样品样机取得的收入，包括事业单位承担国家科研项目取得的收入，如国家“科技三项费用”项目、“国家自然科学基金”项目、“863”项目等；同时包括事业单位承担地方有关部门及企业的各类科研任务取得的收入。

技术收入 指单位对外提供技术转让、技术咨询、技术服务、技术培训、技术承包和技术开发取得的收入。

试制产品收入 指单位经过国家有关部门批准从事中间试验产品的试制取得的收入(不含科技三项费用中的中间试验费)。

预算外资金收入 指单位按照国家有关规定，为履行或代行政府职能，依据国家法律、法规和具有法律效力的规章而收取的纳入预算外资金专户管理的各种行政事业性收费等。

经营收入 指单位在专业业务活动及其辅助活动之外开展非独立核算的经营活动取得的收入，包括产品(商品)销售收入、经营服务收入、工程承包收入、租赁收入和其他经营收入。

其他收入 指单位除上述收入以外的其他收入，如投资收益、利息收入、捐赠收入、上级补助收入、附属单位缴款等。

2. 事业单位总支出情况

人员支出 指单位用各种经费开支的基本工资、补助工资、其他工资、职工福利费、社会保障费、助学金。

基本工资 主要指按国家有关规定支付给工作人员的固定工资及规定比例的津贴。

补助工资 指按国家有关规定支付给工作人员的津贴、补贴，包括各项岗位津贴、价格补贴、地方性补贴、冬季取暖补贴、夜餐补贴、职工上下班交通补贴、加班费等。

其他工资 主要指在基本工资、补助工资之外发给在职人员的属于国家规定工资总额组成范围的各种津贴、补贴。

社会保障费 指按国家有关规定支付给离退休人员的离退休金、津贴、补贴及单位按国家规定缴纳的各项基本社会保险金等。

公用支出 指单位用各种经费开支的公务费、设备购置费、修缮费、业务费、其他费用。

公务费 指用于组织和管理专业业务及其辅助活动发生的支出，主要包括办公费、邮电通信费、水电费、公用取暖费、车船油料费等。

业务费 指在开展专业业务及其辅助活动过程中发生的支出，主要包括消耗的各种原材料、计算测试费、燃料动力费、会议费、差旅费、外事活动费等。

设备购置费 指不属于基本建设支出，应按固定资产管理的科研、生产、开发、经营以及办公设备的购置支出，主要包括各种仪器设备、车辆、图书等购置费以及按规定提取的修购基金。

修缮费 指用于单位公用房屋、建筑物以及附属设备的修缮支出，按照国家规定不够基本建设投资额度的零星土建工程支出以及按规定提取的修购基金。

结转自筹基建 指单位经国家有关部门批准并纳入基本建设计划，用财政补助收入以外的资金安排的基本建设项目支出。

专款支出 指单位用上述“拨入专款”开支的费用。

Explanatory Notes on Key Indicators

1. Total income of CAS institutions

Financial subsidiary income This refers to the operating funds for scientific research, and house Subside obtained from the financial departments.

Special funds allocated This refers to the special funds for designated use obtained from the financial departments, higher authorities or other units, such as government allocations and allocations for CAS Members from the Ministry of Personnel Management.

Operating income This refers to the income obtained by performing professional activities and auxiliary work, including scientific research, technology, scientific activities, popular science activities and production of pilot products, and income from non-budgetary funds.

Scientific research income This refers to the income acquired by undertaking scientific research tasks (projects) and accepting assignments to develop samples and prototypes. It includes income for undertaking State scientific research projects, such as the Three sums of science and technology funds, National Natural Science Foundation funds, “863 Program” funds, etc. It also includes income obtained from the local departments and enterprises by the institutions by undertaking various research tasks.

Technology income This refers to the income obtained from offering external technology transfer, technology consultation, technology service, technology training, technology contracting and technology development.

Income from trial-production of products This refers to the income obtained by producing pilot experimental products (not including allowance for pilot experiments in the “three sums of science and technology funds”) approved by the relevant State departments.

Income from non-budgetary funds This refers to various kinds of revenues (which are not included in the State budgetary management system) collected by the institution in performing or acting the functions on government behalf according to the State laws, regulations and rules which have the legal effects.

Business income This refers to the income acquired by carrying out non-independent accounting business activities other than professional and auxiliary work, including product (commodity) sales income, business service income, project contracting income, renting income and other business income.

Other income This refers to income other than the above-mentioned items, such as income from investment, interest, donation, subsidies from superior organizations,funds provided by affiliated units, etc.

2. Total expenditure of CAS institutions

Personnel expenditure This refers to the spending from various kinds of funds, such as basic salary, subsidiary salary and other salaries, welfare expenditure, social security expenditure, and people’s grant-in-aid.

Basic salary This refers to the basic salary and proportioned allowance paid to the staff according to the relevant State policies.

Subsidiary salary This refers to the allowance and subsidies paid to the staff according to the relevant State policies, including working post allowance, inflation subsidies, local allowance, allowance for winter heating, night snack allowance, traffic allowance for the staff to and back from work, and overtime pay, etc.

Other salaries This mainly refers to the allowances and subsidies paid to the on-job staff, which is the components of the total salary set according to the relevant State policies. This item is not included in the basic salary and subsidiary salary.

Social security expenditure This refers to the pension, allowance or subsidies paid to the retired personnel according to the relevant State policy, and various basic social insurance premium paid by the units according to the State policy.

Public expenditure This refers to the spending from various kind of funds, such as official business spending, expenditure for professional activities, expenditure for purchasing equipment, renovation fees and others.

Official business spending This refers to the expenses for organizing and managing professional work and auxiliary activities, mainly including expenses on administration, postage and communications, water and electricity, winter heating, vehicles and fuel, etc.

Expenditure for professional activity This refers to the expenses occurred in the process of carrying out professional work and auxiliary activities, mainly including raw and processed materials consumed, computation and testing, fuel and power, expenses for attending conferences and making business trips, etc.

Expenditure for purchasing equipment This refers to the expenses spent on equipment purchasing for scientific research, production, development, business operation and office instruments, which does not fall into the category of capital construction expenditure and is managed as fixed assets. It mainly includes expenses for purchasing various kinds of instruments and equipment, vehicles, books, etc., according to the relevant policies.

Renovation fee This refers to fees for renovating public houses, buildings and attached facilities, expenses of minor civil engineering which are less than the investment quota set for capital construction, and the renovation/purchasing fees drawn according to the relevant policies.

Balanced and transferred self-raised capital construction funds This refers to the expenditure from non financial subsidiary funds for capital construction projects which are approved by the State departments concerned and which are included in the capital construction plan of the year.

Designated expenditure This refers to the expenses paid from above-mentioned "Designated funds" .

五、基本建设
CAPITAL CONSTRUCTION

5-1 基本建设总体情况
General Information of Capital Construction

年 份 Year	完成投资（万元） Investment completed (ten thousand yuan)	国家及院拨款 State & CAS funds	建设单位自筹 Self-raised funds by construction unit	贷 款 Loan	竣工面积(万平方米) Floor space completed (10 000 square meter)
1950~1952	276				2.05
1953~1957	9123				51.23
1958~1962	20972				79.40
1963~1965	12600				33.88
1966~1970	9139				15.37
1971~1975	7835				56.66
1976	2500				8.23
1977	3347				15.09
1978	8454				20.47
1979	18426				33.28
1980	17579				36.19
1981	13600				36.78
1982	15039				34.66
1983	14537				27.04
1984	16114				32.83
1985	17108	346			24.23
1986	21908	252			28.30
1987	27412	281			20.31
1988	28266	240			24.70
1989	29384	240			29.87
1990	23484	240			37.36
1991	30306	1971			23.17
1992	36636	5000			28.72
1993	38427	4809		3100	25.83
1994	40787	10000		3000	23.95
1995	44480	10000		2600	23.51
1996	48122	15982		700	22.66
1997	65936	25346			24.81
1998	91409	32387			29.46
1999	103721	48879			32.84
2000	140591	74192			45.30
2001	221479	95910	124869	700	53.88
2002	314274	175092	130111	9071	84.78
2003	342450	197664	144786		70.05
2004	242432	178013	62015	2405	76.02

5-2 基本建设投资完成情况(2004 年)
Capital Construction Investment: 2004

单位: 万元 (ten thousand yuan)

项目 Project	完成投资 Investment completed	国家及院拨款 State & CAS funds	建设单位自筹 Self-raised funds by construction unit	贷款 Loan
总计 Total	**242432**	**178013**	**62015**	**2405**
一、大科学工程 Mega-science projects	21529	21529		
二、知识创新工程基建专项 Special capital construction fund for Knowledge Innovation Program	220903	156484	62015	2405
科研用房改造建设 Renovation & construction for scientific research building	165416	117176	45836	2405
园区基础设施改造建设 Infratructure renovation & construction of institute campuses	38425	29596	8829	
教育基础设施改造建设 Reconstruction of educational infrastructure				
流动人员公寓 Apartment for the floating staff	17062	9712	7350	
三、住宅建设 Construction of housing				
四、标本馆改造建设 Reconstruction of herbariums				

5-3 基本建设建筑面积完成情况(2004 年)

Floor Space Completed: 2004

单位: 万平方米 (10 000 square meter)

项 目 Project	在施面积 Floor space under construction	新开面积 Floor space started	竣工面积 Floor space completed	改造面积 Floor space reconstructed
总 计 Total	**41.81**	**30.29**	**76.02**	**29.94**
一、大科学工程 Mega-science projects				
二、知识创新工程基建专项 Special capital construction fund for Knowledge Innovation Program	41.81	30.29	76.02	29.94
科研用房改造建设 Renovation & construction for scientific research building	33.71	23.13	53.50	27.67
园区基础设施改造建设 Infratructure renovation & construction of institute campuses	2.31	2.31	1.45	0.25
教育基础设施改造建设 Reconstruction of educational infrastructure				
流动人员公寓 Apartment for the floating staff	5.79	4.85	21.07	2.02
三、住宅建设 Construction of housing				
四、标本馆改造建设 Reconstruction of herbariums				

六、科技活动

SCIENTIFIC AND TECHNOLOGICAL ACTIVITIES

6-1 科研机构人员概况
Staff of CAS Research Institutions

年 份 Year	机构数 (个) Institutions (unit)	正式职工 (人) Regular staff (person)	从事科技活动人员 S&T activity personnel	科学家和工程师 Scientists & engineers
1985	122	69650	58220	32174
1986	122	70510	60107	34495
1987	123	66855	53727	35034
1988	123	67554	56939	36648
1989	123	67451	56895	37587
1990	123	67547	56199	38133
1991	123	67558	56029	37668
1992	123	66608	54293	37642
1993	123	64273	50584	36199
1994	123	61641	46344	33749
1995	124	59008	42934	32446
1996	123	56245	41392	32032
1997	123	53191	38104	29798
1998	121	50271	33963	27139
1999	115	47487	31205	25450
2000	112	44772	29648	24426
2001	94	40853	26391	22105
2002	85	36679	23600	20225
2003	85	35201	23218	19108
2004	89	34847	23830	20027

注: S&T—Science and Technology.

6-2 科研机构职工按工作性质分类(2004 年)

Statistics of CAS Staff, by Nature of Work: 2004

单位：人 (person)

地区及学科 Region and field	从事科技活动人员 S&T activity personnel	科技管理人员 S&T management personnel	课题活动人员 Project activity personnel	科技服务人员 S&T service personnel	从事生产经营活动人员 Production and business activity personnel	后勤服务人员 Logistics service personnel
总计 Total	**23830**	**2787**	**17339**	**3704**	**3153**	**3163**
一、按地区、分院分 By region and branch						
北京地区 Beijing Area	8888	1124	6575	1189	765	982
沈阳分院 Shenyang Branch	2061	235	1604	222	153	185
长春分院 Changchun Branch	1630	190	1289	151	700	426
上海分院 Shanghai Branch	3881	399	2772	710	589	454
南京分院 Nanjing Branch	562	60	421	81	90	62
合肥地区 Hefei Area	992	80	687	225	148	228
武汉分院 Wuhan Branch	693	79	448	166	114	118
广州分院 Guangzhou Branch	906	107	616	183	47	158
成都分院 Chengdu Branch	1046	110	648	288	224	150
昆明分院 Kunming Branch	680	116	436	128	37	128
西安分院 Xi'an Branch	356	53	252	51	145	67
兰州分院 Lanzhou Branch	1395	171	981	243	77	163
新疆分院 Xinjiang Branch	408	36	315	57	64	35
太原地区 Taiyuan Area	332	27	295	10		7
二、按学科分 By field						
数学、物理 Mathematics & physics	5037	518	3575	944	664	814
化学与化工 Chemistry & chemical engineering	3641	431	2802	408	194	447
地学 Earth sciences	3684	496	2594	594	120	474
生物学 Biological sciences	4438	556	3186	696	349	511
技术科学 Technological sciences	6898	764	5090	1044	1826	911
其他 Others	132	22	92	18		6

6-3 科研机构科技

Total Income from S&T activities

单位: 千元

地区及学科 Region and field	科技活动经费收入合计 Total Income from S&T activities	政府资金 Government funds	财政补助收入 Income from government subsidy	承担政府科研项目收入 Undertaking government research projects	地方政府资金 Funds from local government	技术性收入 Technical income
总计 Total	**9702023**	**7678581**	**4465183**	**2902407**	**275710**	**1077785**
一、按地区、分院分 By region and branch						
北京地区 Beijing Area	3979548	3311062	1873993	1364261	59538	328815
沈阳分院 Shenyang Branch	778961	605819	337576	253362	7514	93615
长春分院 Changchun Branch	789907	499300	209384	282679	5459	25368
上海分院 Shanghai Branch	1858361	1356983	847909	412576	92598	375150
南京分院 Nanjing Branch	195993	166462	93985	68401	3606	19136
合肥地区 Hefei Area	221622	200266	159592	38044	2531	9507
武汉分院 Wuhan Branch	264833	208762	121201	67567	19783	42805
广州分院 Guangzhou Branch	351846	295397	210737	41792	42854	41048
成都分院 Chengdu Branch	345208	305966	121353	170561	14052	7721

活动经费收入情况(2004 年)

in CAS Research Institutions: 2004

(thousand yuan)

其中: 来自企业 Of which: From enterprises	技术开发收入 Income from technological development	技术转让收入 Income from technology transfer	技术咨询及服务收入 Income from technical consultation and service	用于科技活动的贷款 Loans for S&T activities	国外资金 Funds from abroad	其他资金 Other funds
397363	**662181**	**117075**	**190841**	**336351**	**122578**	**486728**
81712	204447	27669	46729	10000	61467	268204
84764	52923	29077	7511	47000	14869	17658
7941	22818	80	1100	258000	2887	4352
94839	236639	49643	84110		25435	100793
742	8770		793		4560	5835
8448	2102	6716	486			11849
18145	12310	332	22685	351	1374	11541
29970	13842	815	20417		4190	11211
7303	2003		418			37446

地区及学科 Region and field	科技活动经费收入合计 Total Income from S&T activities	政府资金 Government funds	财政补助收入 Income from government subsidy	承担政府科研项目收入 Undertaking government research projects	地方政府资金 Funds from local government	技术性收入 Technical income
昆明分院 Kunming Branch	189317	139468	107887	28359	1899	35130
西安分院 Xi'an Branch	180416	146536	52665	86824	575	10946
兰州分院 Lanzhou Branch	340140	299858	236813	45712	17101	35750
新疆分院 Xinjiang Branch	95455	86433	58768	19899	7621	6338
太原地区 Taiyuan Area	110416	62194	39245	22370	579	46456
二、按学科分 By field						
数学、物理 Mathematics & physics	1727576	1521059	986536	514138	17748	129633
化学与化工 Chemistry & chemical engineering	1439213	954542	603972	316876	29914	384198
地学 Earth sciences	1242958	1064603	699769	269855	82359	112843
生物学 Biological sciences	1847021	1548732	1066522	407412	71337	188207
技术科学 Technological sciences	3404675	2551210	1078934	1387666	71827	261482
其他 Others	40580	38435	29450	6460	2525	1422

续表 6-3

其中:来自企业 Of which: From enterprises	技术开发收入 Income from technological development	技术转让收入 Income from technology transfer	技术咨询及服务收入 Income from technical consultation and service	用于科技活动的贷款 Loans for S&T activities	国外资金 Funds from abroad	其他资金 Other funds
2098	13580	1049	2911		4649	10070
	10508			20000		2934
15014	32415	1634	854		1782	2750
2901	6338			1000	1365	319
43486	43486	60	2827			1766
69053	49414	9382	46327	1000	1242	74642
184301	259748	66491	48636	18000	19778	62695
48196	58554	795	42378		22001	43511
11353	76500	17805	43834	351	39018	70713
83835	216813	22602	9591	317000	40479	234504
625	1152		75		60	663

6-4 科研机构科技活动经费支出情况(2004 年)
Total Expenditure of S&T Activities in CAS Research Institutions: 2004

单位:千元 (thousand yuan)

地区及学科 Region and field	科研活动经费支出合计 Total expenditure for scientific research activities	人员费用 Personnel cost	设备购置费 Expenditure for purchasing equipment	其他日常支出 Other daily expenditure
总 计 Total	**8578573**	**2196653**	**1482481**	**4899439**
一、按地区、分院分 By region and branch				
北京地区 Beijing Area	3466771	916474	522138	2028159
沈阳分院 Shenyang Branch	683244	189533	125703	368008
长春分院 Changchun Branch	569505	89908	107585	372012
上海分院 Shanghai Branch	1683738	412536	277255	993947
南京分院 Nanjing Branch	228723	78367	32603	117753
合肥地区 Hefei Area	228583	60233	78229	90121
武汉分院 Wuhan Branch	279545	65689	35343	178513
广州分院 Guangzhou Branch	300128	81522	58330	160276
成都分院 Chengdu Branch	274818	79225	34730	160863
昆明分院 Kunming Branch	200403	57555	44282	98566
西安分院 Xi’an Branch	174315	26103	42736	105476
兰州分院 Lanzhou Branch	297785	88476	87605	121704
新疆分院 Xinjiang Branch	95597	22414	22253	50930
太原地区 Taiyuan Area	95418	28618	13689	53111
二、按学科分 By field				
数学、物理 Mathematics & physics	1698845	457289	369391	872165
化学与化工 Chemistry & chemical engineering	1303762	307969	219860	775933
地学 Earth sciences	1171873	332684	213129	626060
生物学 Biological sciences	1693146	463961	311993	917192
技术科学 Technological sciences	2681901	619439	365528	1696934
其他 Others	29046	15311	2580	11155

6-5 科研机构基本建设投资完成情况(2004 年)
Capital Construction Investment in CAS Research Institutions: 2004

单位: 千元 (thousand yuan)

地区及学科 Region and field	基本建设投资实际完成额 Actual expenditure in capital construction investment	科研仪器设备 Scientific research instruments and equipment	科研土建工程 Civil engineering projects for scientific research	生产经营土建与设备 Civil engineering for production, operation and equipment	生活土建与设备 Civil engineering for living and equipment
总 计 Total	**1626415**	**280398**	**1173453**		**172564**
一、按地区、分院分 By region and branch					
北京地区 Beijing Area	755973	149945	541037		64991
沈阳分院 Shenyang Branch	201611	15348	121350		64913
长春分院 Changchun Branch	134770	22651	112119		
上海分院 Shanghai Branch	242693	39219	180664		22810
南京分院 Nanjing Branch	14958		14958		
合肥地区 Hefei Area	38838	32220	6618		
武汉分院 Wuhan Branch	38500	1988	27468		9044
广州分院 Guangzhou Branch	26703	2198	18308		6197
成都分院 Chengdu Branch	11808	5955	4156		1697
昆明分院 Kunming Branch	48020	2992	45028		
西安分院 Xi'an Branch	7337	89	5848		1400
兰州分院 Lanzhou Branch	84205	4500	78193		1512
新疆分院 Xinjiang Branch	9359		9359		
太原地区 Taiyuan Area	11640	3293	8347		
二、按学科分 By field					
数学、物理 Mathematics & physics	321041	73833	198101		49107
化学与化工 Chemistry & chemical engineering	250750	31751	205182		13817
地学 Earth sciences	181716	7551	159605		14560
生物学 Biological sciences	359600	25600	328434		5566
技术科学 Technological sciences	513308	141663	282131		89514
其他 Others					

6-6 科研机构科研仪器

Original Value of Scientific Equipment and

单位: 千元

地区、学科及科研单位 Region, field and research institution	合 计 Total				
	总 额 (千元) Total value (thousand yuan)	100 千元以上 Above 100 (thousand yuan)	100 千元以上台(套)数 Over 100 thousand yuan (set)	其中: 进口 (千元) Of which: Imported (thousand yuan)	100 千元以上 Above 100 (thousand yuan)
总 计 Total	**8474887**	**5236970**	**11643**	**5023252**	**3848466**
一、按地区、分院分 By region and branch					
北京地区 Beijing Area	3329305	1995562	4290	1856463	1452730
沈阳分院 Shenyang Branch	717183	490082	1169	424855	360703
长春分院 Changchun Branch	466903	176364	691	281571	105813
上海分院 Shanghai Branch	1750763	1251478	2571	1266392	1054950
南京分院 Nanjing Branch	172278	98366	270	91441	65306
合肥地区 Hefei Area	349362	282606	345	147375	119479
武汉分院 Wuhan Branch	235375	138472	329	158673	126778
广州分院 Guangzhou Branch	248901	176461	320	154979	134370
成都分院 Chengdu Branch	217656	133382	301	128150	95632
昆明分院 Kunming Branch	178850	92597	202	121941	83361
西安分院 Xi'an Branch	122919	81331	194	74257	62610
兰州分院 Lanzhou Branch	525303	236822	707	245073	126954

设备原值情况(2004 年)
Instrumentation in CAS Research Institutions: 2004

(thousand yuan)

其中: 20 世纪 90 年代制造 Of which: Made in the 1990s				其中: 2000 年及以后制造 Of which: Made after 2000			
总 额 (千元) Total value (thousand yuan)	100 千元以上 Above 100 (thousand yuan)	其中: 进口 (千元) Of which: Imported (thousand yuan)	100 千元以上 Above 100 (thousand yuan)	总 额 (千元) Total value (thousand yuan)	100 千元以上 Above 100 (thousand yuan)	其中: 进口 (千元) Of which: Imported (thousand yuan)	100 千元以上 Above 100 (thousand yuan)
2393617	**1532812**	**1453671**	**1079008**	**5151417**	**3206590**	**3066951**	**2460695**
998470	639942	580022	421860	1988048	1151830	1058085	888990
176719	122532	113702	97032	472852	324909	258570	226971
85397	23498	58366	17216	282564	126343	167068	70106
474399	328674	348198	283746	1165450	865711	869003	741105
59984	36743	28907	14536	101393	57293	58223	46167
135681	124195	38516	36228	185696	138276	98587	74980
79313	49059	53255	46758	135440	81216	91126	72374
58481	37709	39714	32771	141809	96276	97385	85959
59787	31656	39664	23118	139518	98908	79564	70346
59976	34708	41988	31686	98823	53374	70849	47601
35969	24235	21669	17944	74443	52784	45555	40674
134562	61536	70103	39791	258852	101481	132132	59307

地区、学科及科研单位 Region, field and research institution	合 计 Total				
	总 额 (千元) Total value (thousand yuan)	100 千元以上 Above 100 (thousand yuan)	100 千元以上台(套)数 Over 100 thousand yuan (set)	其中：进口 (千元) Of which: Imported (thousand yuan)	100 千元以上 Above 100 (thousand yuan)
新疆分院 Xinjiang Branch	68404	37275	100	36067	30174
太原地区 Taiyuan Area	91685	46172	154	36015	29606
二、按学科分 By field					
数学、物理 Mathematics & physics	2149547	1381905	2826	1048608	841550
化学与化工 Chemistry & chemical engineering	1410362	812591	2115	851453	604694
地学 Earth sciences	1203463	729767	1547	733588	591040
生物学 Biological sciences	1574880	880303	2233	1093002	763386
技术科学 Technological sciences	2126556	1432404	2922	1296601	1047796
其他 Others	10079				
三、按科研单位分 By institute					
北京市 Beijing	3329305	1995562	4290	1856463	1452730
数学与系统科学研究院 Academy of Mathematics & Systems Science	64155	19880	20	26413	12977
物理研究所 Inst. of Physics	334226	264822	370	260808	241088
声学研究所 Inst. of Acoustics	113360	76285	156	80208	59144
理论物理研究所 Inst. of Theoretical Physics	16084	7182	2		
高能物理研究所 Inst. of High Energy Physics	362756	188248	580	136251	84552
国家天文台 National Astronomical Observatories of China	136299	71160	153	51564	36362

续表 6-6

其中: 20 世纪 90 年代制造 Of which: Made in the 1990s				其中: 2000 年及以后制造 Of which: Made after 2000			
总额(千元) Total value (thousand yuan)	100 千元以上 Above 100 (thousand yuan)	其中: 进口(千元) Of which: Imported (thousand yuan)	100 千元以上 Above 100 (thousand yuan)	总额(千元) Total value (thousand yuan)	100 千元以上 Above 100 (thousand yuan)	其中: 进口(千元) Of which: Imported (thousand yuan)	100 千元以上 Above 100 (thousand yuan)
12732	6085	6480	5093	45206	27242	23467	20593
22147	12240	13087	11229	61323	30947	17337	15522
652155	421034	311221	235207	1167864	753759	596223	520467
369194	230400	233329	171356	883343	528956	540624	400132
325049	211746	206672	174394	743621	421322	443489	348151
451829	263411	313299	216829	1030425	597991	719482	528860
593982	406221	389150	281222	1317493	904562	767133	663085
1408				8671			
998470	639942	580022	421860	1988048	1151830	1058085	888990
25694	10923	23494	10177	36887	7400	2800	2800
70461	52249	52442	47744	235004	192203	185622	174705
19095	11287	15728	10997	85666	62283	57520	45587
2221	1089			13863	6093		
130868	76104	51430	32431	146714	75640	54822	42032
53125	23994	18109	5663	58478	27738	22116	20815

地区、学科及科研单位 Region，field and research institution	合 计 Total				
	总 额 (千元) Total value (thousand yuan)	100 千元以上 Above 100 (thousand yuan)	100 千元以上 台(套)数 Over 100 thousand yuan (set)	其中: 进口 (千元) Of which: Imported (thousand yuan)	100 千元以上 Above 100 (thousand yuan)
力学研究所 Inst. of Mechanics	124667	57690	169	52911	48489
理化技术研究所 Technical Inst. of Physics and Chemistry	96027	64531	162	52178	44859
化学研究所 Inst. of Chemistry	180832	135786	304	92403	82792
生态环境研究中心 Research Center for Eco-Environmental Sciences	80797	40645	135	44780	36666
国家纳米科学中心 National Center for Nano Science and Technology of China	1219	572	1	871	572
过程工程研究所 Inst. of Process Engineering	64442	37652	104	34721	27294
遥感应用研究所 Inst. of Remote Sensing Application	80406	60412	66	46640	45476
地理科学与资源研究所 Inst. of Geographic Sciences and Natural Resources Research	102679	56607	105	50185	49301
青藏高原研究所 Inst. of Qinghai-Tibet Plateau	1710	1300	2		
古脊椎动物与古人类研究所 Inst. of Vertebrate Paleontology and Paleoanthropology	17656	4805	3	4805	4805
地质与地球物理研究所 Inst. of Geology and Geophysics	188687	139182	281	121133	113718
大气物理研究所 Inst. of Atmospheric Physics	115053	80346	163	58622	55158
植物研究所 Inst. of Botany	94785	48357	81	39901	35005
动物研究所 Inst. of Zoology	85818	36461	119	62774	36226
心理研究所 Inst. of Psychology	16210	9190	21	6959	6730
微生物研究所 Inst. of Microbiology	78905	32103	112	62798	32103

其中: 20 世纪 90 年代制造 Of which: Made in the 1990s				其中: 2000 年及以后制造 Of which: Made after 2000			
总 额 (千元) Total value (thousand yuan)	100 千元以上 Above 100 (thousand yuan)	其中: 进口 (千元) Of which: Imported (thousand yuan)	100 千元以上 Above 100 (thousand yuan)	总 额 (千元) Total value (thousand yuan)	100 千元以上 Above 100 (thousand yuan)	其中: 进口 (千元) Of which: Imported (thousand yuan)	100 千元以上 Above 100 (thousand yuan)
45870	28531	27613	25740	65070	23210	21834	19944
23638	14143	12679	11664	65909	41400	29487	29107
48695	38768	5461	4976	123853	90976	86942	77816
15895	9260	9747	8736	59017	29253	30553	25798
				1219	572	871	572
19765	11980	11169	10418	34339	22433	17123	13737
20818	15956	13915	13603	32083	18039	5602	5456
21499	13564	13111	13111	80790	43043	37074	36190
				1710	1300		
2716	660	660	660	13354	3195	3195	3195
58077	48294	43907	42360	118759	84561	68786	66759
34070	25163	12155	11199	77992	52578	45578	43071
37143	19189	6704	6067	56615	28959	32936	28729
33098	17206	24937	17206	43183	17255	29269	17020
5076	3657	2980	2821	10338	5238	3941	3909
26503	12051	21435	12051	42986	18857	32372	18857

地区、学科及科研单位 Region, field and research institution	合计 Total				
	总额(千元) Total value (thousand yuan)	100 千元以上 Above 100 (thousand yuan)	100 千元以上台(套)数 Over 100 thousand yuan (set)	其中: 进口(千元) Of which: Imported (thousand yuan)	100 千元以上 Above 100 (thousand yuan)
生物物理研究所 Inst. of Biophysics	123022	89976	166	78371	57545
遗传与发育生物学研究所 Inst. of Genetics and Developmental Biology	106872	42786	161	64193	42786
北京基因组研究所 Beijing Genomics Inst.	30460	28520		29790	28520
计算技术研究所 Inst. of Computing Technology	55629	25958	54	31500	21342
软件研究所 Inst. of Software	25823	3565	20		
半导体研究所 Inst. of Semiconductors	135925	114825	189	75776	28274
微电子研究所 Inst. of Microelectronics	160300	148549	187	153992	146882
电子学研究所 Inst. of Electronics	104496	53802	215	53633	37255
光电研究院 Inst. of Optoelectronics	34381	1318	35	608	532
自动化研究所 Inst. of Automation	3358	1123	4		
电工研究所 Inst. of Electric Engineering	51201	24020	85	29565	16951
工程热物理研究所 Inst. of Engineering Thermophysics	35845	19274	59	19619	14653
空间科学与应用研究中心 Center for Space Science and Applied Research	95141	8630	6	32491	4673
自然科学史研究所 Inst. of History of Natural Sciences	3810				
科技政策与管理科学研究所 Inst. of Policy and Management	6269				
山西省 Shanxi Province	91685	46172	154	36015	29606

其中: 20 世纪 90 年代制造 Of which: Made in the 1990s				其中: 2000 年及以后制造 Of which: Made after 2000			
总额(千元) Total value (thousand yuan)	100 千元以上 Above 100 (thousand yuan)	其中: 进口(千元) Of which: Imported (thousand yuan)	100 千元以上 Above 100 (thousand yuan)	总额(千元) Total value (thousand yuan)	100 千元以上 Above 100 (thousand yuan)	其中: 进口(千元) Of which: Imported (thousand yuan)	100 千元以上 Above 100 (thousand yuan)
35089	24684	31146	24384	76738	59614	36801	27511
11888	7634	9172	7634	94151	34319	54188	34319
1153	448	811	448	29262	28072	28979	28072
10517	3848	4767	2318	44909	21972	26536	18886
4595	235			21228	3330		
69918	66019	49418	4678	59747	43949	21947	19915
72118	70043	71126	69693	46343	41140	41579	39538
30424	16289	16326	11274	61456	33224	31914	22614
12121	166	5		22030	1152	603	532
				3358	1123		
17498	9026	11661	7707	28045	13050	15000	8278
12787	7481	8711	6100	21351	11793	10908	8553
24627	1	9203		66930	6866	21187	4673
499				3311			
909				5360			
22147	12240	13087	11229	61323	30947	17337	15522

地区、学科及科研单位 Region，field and research institution	合　计 Total				
	总　额 (千元) Total value (thousand yuan)	100 千元以上 Above 100 (thousand yuan)	100 千元以上台(套)数 Over 100 thousand yuan (set)	其中：进口 (千元) Of which: Imported (thousand yuan)	100 千元以上 Above 100 (thousand yuan)
山西煤炭化学研究所 Shanxi Inst. of Coal Chemistry	91685	46172	154	36015	29606
辽宁省、山东省 Liaoning and Shandong provinces	717183	490082	1169	424855	360703
大连化学物理研究所 Dalian Inst. of Chemical Physics	285301	198138	499	170676	151122
沈阳应用生态研究所 Shenyang Inst. of Applied Ecology	38897	20278	62	23748	14784
沈阳自动化研究所 Shenyang Inst. of Automation	63778	38853	99	34990	23792
金属研究所 Inst. of Metals Research	232870	169139	308	120517	113122
海洋研究所 Inst. of Oceanology	96337	63674	201	74924	57883
吉林省 Jilin Province	466903	176364	691	281571	105813
长春应用化学研究所 Changchun Inst. of Applied Chemistry	215091	8588	297	149536	1861
东北地理与农业生态研究所 Northeast Inst. of Geography and Agricultural Ecology	22915	12436	40	13343	11070
长春光学精密机械与物理研究所 Changchun Inst. of Optics，Fine Mechanics and Physics	228897	155340	354	118692	92882
上海市、福建省 Shanghai,Fujian Province	1750763	1251478	2571	1266392	1054950
上海应用物理研究所 Shanghai Inst. of Applied Physics	93331	57278	150	41154	37067
上海天文台 Shanghai Observatory	61872	44735	96	32454	26906
上海硅酸盐研究所 Shanghai Inst. of Ceramics	195949	155329	248	121756	106530
上海有机化学研究所 Shanghai Inst. of Organic Chemistry	109271	82848	143	89112	78963

续表 6-6

其中: 20 世纪 90 年代制造 Of which: Made in the 1990s				其中: 2000 年及以后制造 Of which: Made after 2000			
总额 (千元) Total value (thousand yuan)	100 千元以上 Above 100 (thousand yuan)	其中: 进口 (千元) Of which: Imported (thousand yuan)	100 千元以上 Above 100 (thousand yuan)	总额 (千元) Total value (thousand yuan)	100 千元以上 Above 100 (thousand yuan)	其中: 进口 (千元) Of which: Imported (thousand yuan)	100 千元以上 Above 100 (thousand yuan)
22147	12240	13087	11229	61323	30947	17337	15522
176719	122532	113702	97032	472852	324909	258570	226971
66850	46644	46769	40802	201867	141356	109621	100182
8363	5716	3605	3043	27215	13697	17736	11175
13296	5765	6640	3517	46686	30018	25507	17860
62513	47512	36612	34254	135954	99919	63646	62147
25697	16895	20076	15416	61130	39919	42060	35607
85397	23498	58366	17216	282564	126343	167068	70106
46496	1436	36108	404	115372	2701	85599	854
5079	3037	3122	2599	16602	8639	9198	7711
33822	19025	19136	14213	150590	115003	72271	61541
474399	328674	348198	283746	1165450	865711	869003	741105
16298	9011	7251	6778	61377	40062	24945	23171
15534	11031	13112	10761	28787	18638	16473	14647
57510	41630	43119	35987	122853	103042	77354	69310
38904	31032	30936	27969	67303	49984	55780	49162

地区、学科及科研单位 Region, field and research institution	合 计 Total				
	总 额 (千元) Total value (thousand yuan)	100 千元以上 Above 100 (thousand yuan)	100 千元以上 台(套)数 Over 100 thousand yuan (set)	其中: 进口 (千元) Of which: Imported (thousand yuan)	100 千元以上 Above 100 (thousand yuan)
上海生命科学研究院 Shanghai Institutes for Biological Sciences	597749	370029	925	463318	346227
上海微系统与信息技术研究所 Shanghai Inst. of Microsystem and Information Technology	206926	185863	227	168967	164160
上海光学精密机械研究所 Shanghai Inst. of Optics and Fine Mechanics	157061	112098	270	110743	99233
上海技术物理研究所 Shanghai Inst. of Technical Physics	263119	196298	426	191912	154798
福建物质结构研究所 Fujian Inst. of Research on the Structure of Matter	65485	47000	86	46976	41066
江苏省 Jiangsu Province	172278	98366	270	91441	65306
紫金山天文台 Purple Mountain Observatory	57521	31377	105	15951	14836
南京地理与湖泊研究所 Nanjing Inst. of Geography and Limnology	29387	16931	50	21745	14593
南京地质古生物研究所 Nanjing Inst. of Geology and Palaeontology	34997	18382	34	20787	17857
南京土壤研究所 Nanjing Inst. of Soil Science	50373	31676	81	32958	18020
安徽省 Anhui Province	349362	282606	345	147375	119479
合肥物质科学研究院 Hefei Institutes of Physical Sciences	339586	276207	336	141316	113420
合肥智能机械研究所 Hefei Inst. of Intelligent Machines	9776	6399	9	6059	6059
湖北省、湖南省 Hubei and Hunan provinces	235375	138472	329	158673	126778
武汉物理与数学研究所 Wuhan Inst. of Physics and Mathematics	77617	60725	117	64406	59803
武汉岩土力学研究所 Wuhan Inst. of Rock and Soil Mechanics	22795	7631	19	7857	7391

其中: 20 世纪 90 年代制造 Of which: Made in the 1990s				其中: 2000 年及以后制造 Of which: Made after 2000			
总额 (千元) Total value (thousand yuan)	100 千元以上 Above 100 (thousand yuan)	其中: 进口 (千元) Of which: Imported (thousand yuan)	100 千元以上 Above 100 (thousand yuan)	总额 (千元) Total value (thousand yuan)	100 千元以上 Above 100 (thousand yuan)	其中: 进口 (千元) Of which: Imported (thousand yuan)	100 千元以上 Above 100 (thousand yuan)
169412	106949	128811	98174	409063	262947	326413	248053
38648	30268	22528	20835	161654	149869	141059	138324
36607	25253	25055	21719	105978	80933	76518	72547
79904	56467	62447	47858	167648	131826	120713	100047
21582	17033	14939	13665	40787	28410	29748	25844
59984	36743	28907	14536	101393	57293	58223	46167
16891	8548	4459	4045	34821	20123	11283	10690
10861	6992	8295	6159	16715	9831	12152	8326
13089	6770	4574	3247	20250	11610	14803	11610
19143	14433	11579	1085	29607	15729	19985	15541
135681	124195	38516	36228	185696	138276	98587	74980
133060	122155	36618	34330	178556	133917	94426	70819
2621	2040	1898	1898	7140	4359	4161	4161
79313	49059	53255	46758	135440	81216	91126	72374
31656	23999	24951	23999	40642	32253	34136	31331
11151	2694	2686	2569	8224	4937	4948	4822

地区、学科及科研单位 Region，field and research institution	合 计 Total				
	总 额 (千元) Total value (thousand yuan)	100 千元以上 Above 100 (thousand yuan)	100 千元以上台(套)数 Over 100 thousand yuan (set)	其中：进口 (千元) Of which: Imported (thousand yuan)	100 千元以上 Above 100 (thousand yuan)
测量与地球物理研究所 Inst. of Geodesy and Geophysics	14621	7074	16	6359	5061
武汉植物园 Wuhan Botanical Garden	15089	3339	18	7668	3339
水生生物研究所 Inst. of Hydrobiology	79194	47361	121	54100	40740
武汉病毒研究所 Wuhan Inst. of Virology	26059	12342	38	18283	10444
广东省 Guangdong Province	248901	176461	320	154979	134370
广州地球化学研究所 Guangzhou Inst. of Geochemistry	74131	64440	79	66425	63378
南海海洋研究所 South China Sea Inst. of Oceanology	101452	74801	124	51270	42059
华南植物园 South China Botanical Garden	34963	18801	61	16329	11905
广州能源研究所 Guangzhou Inst. of Energy Conversion	27122	10792	32	12167	9961
亚热带农业生态研究所 Inst. of Subtropical Agriculture	11233	7627	24	8788	7067
四川省 Sichuan Province	217656	133382	301	128150	95632
成都山地灾害与环境研究所 Chengdu Inst. of Mountain Hazards and Environment	26697	14883	51	13137	9086
成都生物研究所 Chengdu Inst. of Biology	37551	9504	49	23363	7796
光电技术研究所 Inst. of Optics and Electronics	153408	108995	201	91650	78750
云南省、贵州省 Yunnan and Guizhou provinces	178850	92597	202	121941	83361
地球化学研究所 Inst. of Geochemistry	49709	33692	53	35645	30075

续表 6-6

其中: 20 世纪 90 年代制造 Of which: Made in the 1990s				其中: 2000 年及以后制造 Of which: Made after 2000			
总 额 (千元) Total value (thousand yuan)	100 千元以上 Above 100 (thousand yuan)	其中: 进口 (千元) Of which: Imported (thousand yuan)	100 千元以上 Above 100 (thousand yuan)	总 额 (千元) Total value (thousand yuan)	100 千元以上 Above 100 (thousand yuan)	其中: 进口 (千元) Of which: Imported (thousand yuan)	100 千元以上 Above 100 (thousand yuan)
7881	4569	3990	3199	4887	1157	868	775
1607	355	524	355	12464	2680	6457	2680
23318	15292	18267	14486	48831	30549	30434	24734
3700	2150	2837	2150	20392	9640	14283	8032
58481	37709	39714	32771	141809	96276	97385	85959
17315	15115	15399	14719	50584	44860	46141	43774
20647	11690	12429	10787	43618	26061	27907	21478
12629	7217	6908	4103	19283	11281	8789	7499
3861	1805	2057	1720	21670	8847	9211	8101
4029	1882	2921	1442	6654	5227	5337	5107
59787	31656	39664	23118	139518	98908	79564	70346
6795	4528	3989	3149	18225	10355	8208	5937
12893	875	10761	775	19786	8505	9153	6897
40099	26253	24914	19194	101507	80048	62203	57512
59976	34708	41988	31686	98823	53374	70849	47601
17058	12920	13887	12257	28691	18693	19052	16141

地区、学科及科研单位 Region，field and research institution	合 计 Total				
	总 额 (千元) Total value (thousand yuan)	100千元以上 Above 100 (thousand yuan)	100千元以上台(套)数 Over 100 thousand yuan (set)	其中：进口 (千元) Of which: Imported (thousand yuan)	100千元以上 Above 100 (thousand yuan)
昆明植物研究所 Kunming Inst. of Botany	55788	29221	51	35146	27733
西双版纳热带植物园 Xishuangbanna Tropical Botanical Garden	21151	5228	22	9986	1852
昆明动物研究所 Kunming Inst. of Zoology	52202	24456	76	41164	23701
陕西省 Shaanxi Province	122919	81331	194	74257	62610
地球环境研究所 Inst. of Earth Environment	41419	33768	52	30537	28133
西安光学精密机械研究所 Xi'an Inst. of Optics and Fine Mechanics	81500	47563	142	43720	34477
甘肃省、青海省 Gansu and Qinghai provinces	525303	236822	707	245073	126954
近代物理研究所 Inst. of Modern Physics	220279	134136	346	65188	39538
兰州化学物理研究所 Lanzhou Inst. of Chemical Physics	90729	48045	114	51376	38357
兰州地质研究所 Lanzhou Inst. of Geology	141433	6677	167	79190	6389
寒区旱区环境与工程研究所 Cold and Arid Regions Environmental and Engineering Research Institute	24742	23100	5	22723	21942
青海盐湖研究所 Qinghai Inst. of Saline Lakes	29561	11816	30	13231	9865
西北高原生物研究所 Northwest Inst. of Plateau Biology	18559	13048	45	13365	10863
新疆维吾尔自治区 Xinjiang Uygur Autonomous Region	68404	37275	100	36067	30174
新疆理化技术研究所 Xinjiang Technical Inst. of Physics and Chemistry	39432	17257	55	16118	15056
新疆生态与地理研究所 Xinjiang Inst. of Ecology and Geography	28972	20018	45	19949	15118

其中: 20 世纪 90 年代制造 Of which: Made in the 1990s				其中: 2000 年及以后制造 Of which: Made after 2000			
总额 (千元) Total value (thousand yuan)	100 千元以上 Above 100 (thousand yuan)	其中: 进口 (千元) Of which: Imported (thousand yuan)	100 千元以上 Above 100 (thousand yuan)	总额 (千元) Total value (thousand yuan)	100 千元以上 Above 100 (thousand yuan)	其中: 进口 (千元) Of which: Imported (thousand yuan)	100 千元以上 Above 100 (thousand yuan)
21637	10621	13121	10121	29814	17643	18640	16655
2760	1224	1206		9921	3365	8780	1252
18521	9943	13774	9308	30397	13673	24377	13553
35969	24235	21669	17944	74443	52784	45555	40674
7963	5510	5023	3700	31174	26643	23385	22818
28006	18725	16646	14244	43269	26141	22170	17856
134562	61536	70103	39791	258852	101481	132132	59307
52031	21823	16249	5159	91726	53656	24793	20928
26214	18158	19016	15383	43316	24346	26012	17805
32749	3069	15827	2804	93641	3452	62681	3429
14565	14382	14233	13482	4350	4350	4350	4350
5136	2219	2978	1787	12094	4936	3684	3530
3867	1885	1800	1176	13725	10741	10612	9265
12732	6085	6480	5093	45206	27242	23467	20593
8170	2632	2080	1943	29066	13036	12449	11524
4562	3453	4400	3150	16140	14206	11018	9069

6-7 科研机构研究与试验发展人员全时当量
Full-time Equivalent of R&D Personnel in Research Institutions

单位: 人·年 (man · year)

年 份 Year	研究与试验发展人员全时当量 Full-time equivalent of R&D personnel Total (A)	基础研究 Basic research	应用研究 Applied research	试验发展 Experimental development	其中: 科学家和工程师 Among which: Scientists and engineers (B)	比 重 % of total (B/A)
1996	30677	10890	16259	3528	25455	83.0
1997	30181	10956	16237	2988	25085	83.1
1998	30611	11295	16591	2725	26585	86.8
1999	28436	10408	15810	2218	24771	87.1
2000	28084	11262	14940	1882	24666	87.8
2001	25199	10584	13154	1461	22541	89.5
2002	27646	11114	15205	1327	23413	84.7
2003	30937	12529	16892	1516	25903	83.7
2004	34898	14521	18901	1476	29457	84.4

6-8 科研机构研究与试验发展经费支出
Research Institution R&D Expenditure

单位: 亿元 (100 million yuan)

年 份 Year	研究与试验发展经费支出 R&D expenditure Total	基础研究 Basic research	比重 % of total	应用研究 Applied research	比重 % of total	试验发展 Experimental development	比重 % of total	占全国R&D经费支出% Percentage of national R&D expenditure
1996	21.90	6.88	31.4	11.11	50.7	3.91	17.9	5.4
1997	24.73	7.62	30.8	13.52	54.7	3.59	14.5	4.9
1998	27.33	8.66	31.7	14.84	54.3	3.83	14.0	5.0
1999	31.24	10.62	34.0	16.81	53.8	3.81	12.2	4.6
2000	40.28	14.82	36.8	21.70	53.9	3.76	9.3	4.5
2001	53.60	21.35	39.8	28.05	52.3	4.20	7.9	5.1
2002	78.08	29.20	37.4	43.33	55.5	5.55	7.1	6.1
2003	82.84	29.99	36.2	46.86	56.6	5.99	7.2	5.4
2004	93.20	33.53	36.0	53.39	57.3	6.28	6.7	4.7

6-9 科研机构科技活动课题基本情况

Basic Statistics of S&T Projects in CAS Research Institutions

年份 Year	课题数 Projects	课题经费支出(千元) Expenditure by project (thousand yuan)	课题参加人员全时当量(人·年) Full-time equivalent of project participants (man · year)	科学家和工程师 Scientists & engineers
1985	6220	298448	30650	23756
1986	6217	256235	30337	23144
1987	7091	334353	29125	22989
1988	7579	406347	29565	24477
1989	8287	478258	31015	26115
1990	8476	500561	30283	26780
1991	8051	472828	25463	22063
1992	9503	665757	24769	22342
1993	9922	8188096	26405	24010
1994	9996	1129106	25374	23149
1995	10139	1169028	23382	21774
1996	9359	1144557	22742	21341
1997	10011	1475554	24437	22945
1998	10738	1626599	24665	23173
1999	10346	1967568	23206	21989
2000	10745	2622420	23202	21832
2001	10370	3084858	22009	20737
2002	10997	3958123	26454	23989
2003	11491	4358637	27101	24709
2004	12026	4968575	30408	28297

注：课题数包括基础研究、应用研究、试验发展、研究与试验发展成果应用、科技服务和生产性活动课题。

Note: The figures include projects in basic research, applied research, experimental development, application of research and experimental development results, scientific and technical services and productive activities.

6-10 科研机构科技活动课题综合情况(2004 年)

Statistics of S&T Projects in CAS Research Institutions: 2004

地区及学科 Region and field	课题数 Projects		课题经费支出 (千元) Expenditure by project (thousand yuan)	课题参加人员全时当量(人・年) Full-time equivalent of project participants (man・year)	
		当年开题 Number of projects started		本单位人员 Institution staff	流动人员 Floating staff
总 计 Total	**12026**	**3302**	**4968575**	**16462**	**13946**
一、按地区、分院分 By region and branch					
北京地区 Beijing Area	5008	1435	2144701	6339	6336
沈阳分院 Shenyang Branch	916	238	418305	1567	892
长春分院 Changchun Branch	487	119	305003	869	293
上海分院 Shanghai Branch	1750	480	856413	2825	2569
南京分院 Nanjing Branch	454	102	124780	456	264
合肥地区 Hefei Area	275	65	141711	450	634
武汉分院 Wuhan Branch	550	133	194482	512	713
广州分院 Guangzhou Branch	764	208	150822	638	604
成都分院 Chengdu Branch	458	138	181553	695	320
昆明分院 Kunming Branch	408	78	60988	467	345

续表 6-10

地区及学科 Region and field	课题数 Projects		课题经费支出(千元) Expenditure by project (thousand yuan)	课题参加人员全时当量(人·年) Full-time equivalent of project participants (man·year)	
		当年开题 Number of projects started		本单位人员 Institution staff	流动人员 Floating staff
西安分院 Xi'an Branch	149	51	103130	220	115
兰州分院 Lanzhou Branch	513	181	186477	948	449
新疆分院 Xinjiang Branch	201	56	44521	262	321
太原地区 Taiyuan Area	93	18	55689	212	91
二、按学科分 By field					
数学、物理 Mathematics & physics	1996	516	1115581	3524	3004
化学与化工 Chemistry & chemical engineering	1481	389	711870	2443	2084
地学 Earth sciences	2856	893	541437	2473	1947
生物学 Biological sciences	2791	641	773422	3072	3246
技术科学 Technological sciences	2803	795	1812715	4856	3561
其他 Others	99	68	13550	95	105

注：流动人员指参与课题研究的在学研究生、在站博士后、客座人员及外聘人员等。

Note: The floating staff includes the post graduates who are participating in project research, post doctorate researchers at doctoral stations,visiting scholars and invited staff.

6-11 科研机构科技活动课

Total S&T Projects in CAS Research

地区及学科 Region and field	基础研究课题 Basic research				
	课题数 Projects	课题经费支出(千元) Expenditure by project (thousand yuan)	课题参加人员全时当量(人·年) Full-time equivalent of project participants (man·year)		课题数 Projects
			本单位人员 Institution staff	流动人员 Floating staff	
总计 Total	**5186**	**1574963**	**6068**	**6128**	**5956**
一、按地区、分院分 By region and branch					
北京地区 Beijing Area	2374	799925	2778	3010	2318
沈阳分院 Shenyang Branch	285	83267	370	277	543
长春分院 Changchun Branch	93	43442	135	54	294
上海分院 Shanghai Branch	710	204244	875	1127	968
南京分院 Nanjing Branch	281	61471	270	158	162
合肥地区 Hefei Area	118	79159	185	216	153
武汉分院 Wuhan Branch	282	81033	238	385	250
广州分院 Guangzhou Branch	356	58755	277	258	341
成都分院 Chengdu Branch	115	16201	122	114	281
昆明分院 Kunming Branch	250	35426	249	225	121
西安分院 Xi'an Branch	36	8958	28	29	92
兰州分院 Lanzhou Branch	230	97488	485	207	239
新疆分院 Xinjiang Branch	56	5594	58	69	117
太原地区 Taiyuan Area					77

题按活动类型分类(2004 年)
Institutions, by Type of Research: 2004

应用研究课题 Applied research			试验发展课题 Experimental development			
课题经费支出(千元) Expenditure by project (thousand yuan)	课题参加人员全时当量(人·年) Full-time equivalent of project participants (man·year)		课题数 Projects	课题经费支出(千元) Expenditure by project (thousand yuan)	课题参加人员全时当量(人·年) Full-time equivalent of project participants (man·year)	
	本单位人员 Institution staff	流动人员 Floating staff			本单位人员 Institution staff	流动人员 Floating staff
2786743	**8760**	**7114**	**422**	**329169**	**845**	**395**
1163779	3108	3078	137	115321	235	107
258417	1035	552	49	54310	97	45
197462	532	173	60	30787	136	54
539908	1672	1356	24	17529	94	25
60440	170	99	5	1974	8	7
57224	260	411				
77786	216	312	15	20165	32	15
62875	268	293	20	11055	22	20
141228	480	184	19	17585	51	15
21326	176	103	17	1902	18	12
56558	155	72	8	30845	21	12
75145	368	194	35	10971	61	40
27957	150	208	20	8691	39	36
46638	171	81	13	8034	30	7

地区及学科 Region and field	基础研究课题 Basic research				
	课题数 Projects	课题经费支出(千元) Expenditure by project (thousand yuan)	课题参加人员全时当量(人·年) Full-time equivalent of project participants (man·year)		课题数 Projects
			本单位人员 Institution staff	流动人员 Floating staff	
二、按学科分 By field					
数学、物理 Mathematics & physics	1126	558897	1804	1678	702
化学与化工 Chemistry & chemical engineering	534	198525	770	975	860
地学 Earth sciences	1442	266077	1280	949	1274
生物学 Biological sciences	1601	424230	1655	1915	1053
技术科学 Technological sciences	453	122651	512	578	1999
其他 Others	30	4583	49	34	68

地区及学科 Region and field	研究与试验发展成果应用课题 Application of R&D results				
	课题数 Projects	课题经费支出(千元) Expenditure by project (thousand yuan)	课题参加人员全时当量(人·年) Full-time equivalent of project participants (man·year)		课题数 Projects
			本单位人员 Institution staff	流动人员 Floating staff	
总 计 **Total**	**200**	**172520**	**421**	**170**	**221**
一、按地区、分院分 By region and branch					
北京地区 Beijing Area	90	53836	164	91	83
沈阳分院 Shenyang Branch	27	17581	48	13	11
长春分院 Changchun Branch	29	19091	51	9	9
上海分院 Shanghai Branch	17	70169	97	29	28
南京分院 Nanjing Branch	3	493	5	1	3

应用研究课题 Applied research			试验发展课题 Experimental development			
课题经费支出(千元) Expenditure by project (thousand yuan)	课题参加人员全时当量(人·年) Full-time equivalent of project participants (man·year)		课题数 Projects	课题经费支出(千元) Expenditure by project (thousand yuan)	课题参加人员全时当量(人·年) Full-time equivalent of project participants (man·year)	
	本单位人员 Institution staff	流动人员 Floating staff			本单位人员 Institution staff	流动人员 Floating staff
427606	1392	1179	113	77893	218	98
400865	1421	1026	43	38404	113	38
244830	1075	939	30	6533	24	15
320878	1240	1249	75	18636	87	62
1383819	3588	2650	161	187703	405	183
8745	45	71				

科技服务课题 S&T services			生产性活动课题 Production activities			
课题经费支出(千元) Expenditure by project (thousand yuan)	课题参加人员全时当量(人·年) Full-time equivalent of project participants (man·year)		课题数 Projects	课题经费支出(千元) Expenditure by project (thousand yuan)	课题参加人员全时当量(人·年) Full-time equivalent of project participants (man·year)	
	本单位人员 Institution staff	流动人员 Floating staff			本单位人员 Institution staff	流动人员 Floating staff
75428	**313**	**129**	**41**	**29751**	**53**	**10**
10663	49	48	6	1179	6	2
2960	13	4	1	1770	3	2
6011	12	4	2	8210	4	
16124	77	31	3	8438	12	1
402	3					

地区及学科 Region and field	研究与试验发展成果应用课题 Application of R&D results				
	课题数 Projects	课题经费支出(千元) Expenditure by project (thousand yuan)	课题参加人员全时当量(人·年) Full-time equivalent of project participants (man·year)		课题数 Projects
			本单位人员 Institution staff	流动人员 Floating staff	
合肥地区 Hefei Area	2	4730	4	8	2
武汉分院 Wuhan Branch	1	138	1	1	2
广州分院 Guangzhou Branch	7	1708	11	12	39
成都分院 Chengdu Branch	15	2444	19	4	7
昆明分院 Kunming Branch	1	141	1	1	19
西安分院 Xi'an Branch	4	564	6		4
兰州分院 Lanzhou Branch	2	1029	11	2	5
新疆分院 Xinjiang Branch	1	166	2		7
太原地区 Taiyuan Area	1	430	4		2
二、按学科分 By field					
数学、物理 Mathematics & physics	42	30931	65	34	10
化学与化工 Chemistry & chemical engineering	19	54162	71	23	19
地学 Earth sciences	11	1639	12	10	97
生物学 Biological sciences	10	2194	23	3	51
技术科学 Technological sciences	118	83594	250	99	43
其他 Others					1

续表 6-11

科技服务课题 S&T services			生产性活动课题 Production activities			
课题经费支出(千元) Expenditure by project (thousand yuan)	课题参加人员全时当量(人·年) Full-time equivalent of project participants (man·year)		课题数 Projects	课题经费支出(千元) Expenditure by project (thousand yuan)	课题参加人员全时当量(人·年) Full-time equivalent of project participants (man·year)	
	本单位人员 Institution staff	流动人员 Floating staff			本单位人员 Institution staff	流动人员 Floating staff
598	2					
15358	25					
16330	59	21	1	100	1	
688	9	3	21	3406	13	
2192	24	6				
531	4	2	5	5674	7	1
871	16	1	2	974	8	5
2113	12	8				
587	7	3				
19395	41	13	3	859	4	1
10515	47	17	6	9399	22	5
22170	82	33	2	191	1	1
7409	67	17	1	73	0	
15717	75	48	29	19229	26	3
222	1	1				

6-12 科研机构科技活动课题
Total S&T Projects in CAS Research

地区及学科 Region and field	国 家 State				
	课题数 Projects	课题经费支出(千元) Expenditure by project (thousand yuan)	课题参加人员全时当量(人·年) Full-time equivalent of project participants (man·year)		课题数 Projects
			本单位人员 Institution staff	流动人员 Floating staff	
总 计 Total	**6086**	**2729751**	**8478**	**7724**	**1955**
一、按地区、分院分 By region and branch					
北京地区 Beijing Area	2992	1309269	3841	4070	794
沈阳分院 Shenyang Branch	524	250173	916	536	91
长春分院 Changchun Branch	246	215564	503	128	67
上海分院 Shanghai Branch	780	353876	1240	1281	221
南京分院 Nanjing Branch	252	69052	248	157	73
合肥地区 Hefei Area	133	70325	195	385	78
武汉分院 Wuhan Branch	220	81969	208	306	94
广州分院 Guangzhou Branch	266	43750	198	205	140
成都分院 Chengdu Branch	147	131406	330	102	81
昆明分院 Kunming Branch	151	25146	168	141	99
西安分院 Xi'an Branch	103	94171	167	82	13
兰州分院 Lanzhou Branch	185	49789	318	196	142
新疆分院 Xinjiang Branch	44	13599	64	88	53
太原地区 Taiyuan Area	43	21662	83	46	9

按主要任务来源分类(2004 年)

Institutions by Source of Project: 2004

中国科学院 CAS			地方 Locality			
课题经费支出(千元) Expenditure by project (thousand yuan)	课题参加人员全时当量(人·年) Full-time equivalent of project participants (man·year) 本单位人员 Institution staff	流动人员 Floating staff	课题数 Projects	课题经费支出(千元) Expenditure by project (thousand yuan)	课题参加人员全时当量(人·年) Full-time equivalent of project participants (man·year) 本单位人员 Institution staff	流动人员 Floating staff
1111601	**3072**	**2653**	**1286**	**222371**	**1334**	**1081**
494679	1101	1084	233	45276	181	119
56971	214	122	79	11843	74	43
41337	135	96	69	9947	81	19
201961	438	392	368	87368	489	468
21592	66	39	24	2752	18	8
51122	161	166	14	598	10	18
29722	78	160	55	11979	34	57
49765	137	151	195	21957	161	140
17479	112	80	66	9423	65	47
19991	142	102	67	3616	67	54
7412	13	7	8	114	14	5
97856	351	118	39	7452	48	33
13468	91	125	46	8331	53	54
8246	33	11	23	1715	40	17

地区及学科 Region and field	国　家　State				
	课题数 Projects	课题经费支出(千元) Expenditure by project (thousand yuan)	课题参加人员全时当量(人·年) Full-time equivalent of project participants (man·year)		课题数 Projects
			本单位人员 Institution staff	流动人员 Floating staff	
二、按学科分 By field					
数学、物理 Mathematics & physics	1068	544445	1706	1763	368
化学与化工 Chemistry & chemical engineering	840	374708	1252	1338	191
地学 Earth sciences	1318	242516	1109	921	473
生物学 Biological sciences	1292	383708	1403	1642	586
技术科学 Technological sciences	1527	1180024	2981	2016	310
其他 Others	41	4350	28	43	27

地区及学科 Region and field	企业委托　Entrusted by enterprises				
	课题数 Projects	课题经费支出(千元) Expenditure by project (thousand yuan)	课题参加人员全时当量(人·年) Full-time equivalent of project participants (man·year)		课题数 Projects
			本单位人员 Institution staff	流动人员 Floating staff	
总　计 Total	**765**	**295119**	**1027**	**465**	**1488**
一、按地区、分院分 By region and branch					
北京地区 Beijing Area	332	88743	347	216	454
沈阳分院 Shenyang Branch	100	59402	171	62	94
长春分院 Changchun Branch	37	8915	52	7	50
上海分院 Shanghai Branch	36	20765	73	45	293
南京分院 Nanjing Branch	10	2246	19	2	63

续表 6-12

中国科学院 CAS			地方 Locality			
课题经费支出(千元) Expenditure by project (thousand yuan)	课题参加人员全时当量(人·年) Full-time equivalent of project participants (man·year)		课题数 Projects	课题经费支出(千元) Expenditure by project (thousand yuan)	课题参加人员全时当量(人·年) Full-time equivalent of project participants (man·year)	
	本单位人员 Institution staff	流动人员 Floating staff			本单位人员 Institution staff	流动人员 Floating staff
321714	809	560	76	17930	129	69
123928	358	316	142	34764	267	144
141271	523	435	416	42573	268	204
186409	721	748	372	61145	353	389
333449	625	568	272	65475	312	269
4830	37	27	8	484	4	8

研究所自选 Institute self-seletion			国际合作 International cooperation			
课题经费支出(千元) Expenditure by project (thousand yuan)	课题参加人员全时当量(人·年) Full-time equivalent of project participants (man·year)		课题数 Projects	课题经费支出(千元) Expenditure by project (thousand yuan)	课题参加人员全时当量(人·年) Full-time equivalent of project participants (man·year)	
	本单位人员 Institution staff	流动人员 Floating staff			本单位人员 Institution staff	流动人员 Floating staff
422143	**2013**	**1666**	**258**	**127026**	**359**	**212**
149400	653	674	111	35316	135	100
27406	148	105	25	12289	44	24
21579	64	31	5	2275	12	8
120964	481	340	16	56188	75	12
19969	79	45	31	9015	23	15

地区及学科 Region and field	企业委托 Entrusted by enterprises				
	课题数 Projects	课题经费支出(千元) Expenditure by project (thousand yuan)	课题参加人员全时当量(人·年) Full-time equivalent of project participants (man · year)		课题数 Projects
			本单位人员 Institution staff	流动人员 Floating staff	
合肥地区 Hefei Area	13	6605	25	21	33
武汉分院 Wuhan Branch	28	30679	55	13	131
广州分院 Guangzhou Branch	47	19474	47	24	91
成都分院 Chengdu Branch	68	14546	76	21	80
昆明分院 Kunming Branch	21	1923	22	5	50
西安分院 Xi'an Branch	10	1301	11	4	13
兰州分院 Lanzhou Branch	42	15807	82	29	89
新疆分院 Xinjiang Branch	8	5743	5	6	42
太原地区 Taiyuan Area	13	18970	43	10	5
二、按学科分 By field					
数学、物理 Mathematics & physics	131	69648	183	57	305
化学与化工 Chemistry & chemical engineering	100	52735	192	93	174
地学 Earth sciences	201	50400	173	85	320
生物学 Biological sciences	99	22070	122	50	293
技术科学 Technological sciences	232	100064	356	177	385
其他 Others	2	202	2	2	11

研究所自选 Institute self-seletion			国际合作 International cooperation			
课题经费支出(千元) Expenditure by project (thousand yuan)	课题参加人员全时当量(人·年) Full-time equivalent of project participants (man·year)		课题数 Projects	课题经费支出(千元) Expenditure by project (thousand yuan)	课题参加人员全时当量(人·年) Full-time equivalent of project participants (man·year)	
	本单位人员 Institution staff	流动人员 Floating staff			本单位人员 Institution staff	流动人员 Floating staff
12150	52	35				
24956	124	154	13	1455	7	13
11718	75	63	16	2511	13	14
8129	101	60	7	340	6	6
5632	49	34	20	4681	19	10
63	10	15				
12638	122	59	10	2071	22	10
2442	42	46	4	885	3	1
5097	14	6				
137138	640	510	21	5495	22	17
62667	277	160	25	57928	87	27
43229	291	245	80	15931	74	36
77923	339	317	98	26909	101	65
99246	454	421	31	19750	70	61
1940	13	13	3	1013	5	6

6-13 科研机构科技活动课题按技术领域分类(2004 年)

Total S&T Projects in CAS Research Institutions, by Technology Field: 2004

技术领域 Technology field	课题数 Projects	课题经费支出 (千元) Expenditure by project (thousand yuan)	课题参加人员全时当量(人·年) Full-time equivalent of project participants (man·year)	
			本单位人员 Institution staff	流动人员 Floating staff
合 计 Total	**8321**	**3862686**	**12297**	**9549**
信息技术 Information technology	1455	859928	2332	2241
生物和现代农业技术 Biotechnology & modern agricultural technology	1997	563247	2297	2261
新材料技术 New materials technology	995	502248	1704	1073
能源技术 Energy technology	468	246154	768	548
激光技术 Laser technology	264	230424	661	364
先进制造与自动化技术 Advanced manufacturing & automation technology	350	183008	546	365
航天技术 Space technology	356	388474	759	360
资源与环境技术 Resources & environmental technology	1128	250017	938	1042
其他技术领域 Other technologies	1308	639186	2292	1295

6-14 科研机构科技著作

S&T Works Published by CAS Research Institutions

年份 Year	科技专著 S&T works		译成外文 Those translated into foreign languages		用作大专院校教科书 Those used as text books for universities and colleges		科普著作 Popular science books	
	万字 Ten thousand Chinese characters	种 Title	万字 Ten thousand Chinese characters	种 Title	万字 Ten thousand Chinese characters	种 Title	万字 Ten thousand Chinese characters	种 Title
1985	4323		288		293		601	
1986	4529		413		410		474	
1987	5625	195	717	21	945	33	587	37
1988	8191	455	667	38	854	36	818	35
1989	7798	297	356	18	432	22	984	37
1990	11477	345	285	20	769	27	931	47
1991	9221	319	625	19	900	23	1105	41
1992	8316	245	463	18	383	11	357	12
1993	9792	292	1294	38	125	6	405	16
1994	13978	334	1398	29	248	9	1005	42
1995	11922	337	741	23	241	8	518	25
1996	11044	297	1430	36	109	5	481	24
1997	9541	296	621	19	179	5	990	36
1998	12712	347	804	25	539	14	861	36
1999	14474	371	1866	32	337	12	1114	55
2000	17327	429	1304	42	172	10	2979	103
2001	14650	348	648	31	418	17	2628	97
2002	15319	534	1289	37	1046	20	1102	83
2003	13467	401	1143	31	1303	21	1321	55
2004	15486	330	854	31	607	12	1622	68

6-15 科研机构科技著作(2004 年)

S&T Works Published by CAS Research Institutions: 2004

地区及学科 Region and field	科技专著 S&T works		译成外文 Those translated into foreign languages		用作大专院校教科书 Those used as text books for universities and colleges		科普著作 Popular science books	
	万字 Ten thousand Chinese characters	种 Title	万字 Ten thousand Chinese characters	种 Title	万字 Ten thousand Chinese characters	种 Title	万字 Ten thousand Chinese characters	种 Title
总 计 Total	**15486**	**330**	**854**	**31**	**607**	**12**	**1622**	**68**
一、按地区、分院分 By region and branch								
北京地区 Beijing Area	9312	180	451	18	258	5	1034	38
沈阳分院 Shenyang Branch	1845	40	110	2	137	1		
长春分院 Changchun Branch	354	18	98	6	162	5	144	7
上海分院 Shanghai Branch	468	8					20	1
南京分院 Nanjing Branch	729	14	112	2	50	1	111	2
合肥地区 Hefei Area	230	5					20	1
武汉分院 Wuhan Branch	318	7					41	2
广州分院 Guangzhou Branch	394	11					151	9
成都分院 Chengdu Branch	387	9					66	4

地区及学科 Region and field	科技专著 S&T works		译成外文 Those translated into foreign languages		用作大专院校教科书 Those used as text books for universities and colleges		科普著作 Popular science books	
	万字 Ten thousand Chinese characters	种 Title	万字 Ten thousand Chinese characters	种 Title	万字 Ten thousand Chinese characters	种 Title	万字 Ten thousand Chinese characters	种 Title
昆明分院 Kunming Branch	778	14	49	2			25	3
西安分院 Xi'an Branch	72	1						
兰州分院 Lanzhou Branch	406	18	34	1			10	1
新疆分院 Xinjiang Branch	193	5						
太原地区 Taiyuan Area								
二、按学科分 By field								
数学、物理 Mathematics & physics	1246	51	82	4			223	7
化学与化工 Chemistry & chemical engineering	1328	43	142	7	333	8	294	16
地学 Earth sciences	6907	96	346	10	146	2	264	13
生物学 Biological sciences	3838	80	159	4			778	27
技术科学 Technological sciences	1567	47	75	5	128	2	36	4
其他 Others	600	13	50	1			27	1

6-16 学校及公共支撑机构科技活动课题综合情况(2004 年)

Statistics of S&T Projects in CAS Schools and Supporting Institutions: 2004

单 位 Unit	课题数合计 Total projects	当年开题 Number of projects started	课题经费支出(千元) Expenditure by project (thousand yuan)	课题参加人员全时当量(人・年) Full-time equivalent of project participants (man・year)	
				本单位人员 Institution staff	流动人员 Floating staff
总 计 Total	**581**	**181**	**207555**	**827**	**380**
中国科学技术大学 University of Science and Technology of China	278	74	36287	353	147
中国科学院研究生院 Graduate School of the Chinese Academy of Sciences	137	46	12265	94	117
计算机网络信息中心 Computer Network Information Center	25	5	53228	79	29
中国遥感卫星地面站 China Remote Sensing Satellite Ground Station	21	4	30778	83	17
国家授时中心 National Time Service Center	34	16	65598	78	12

续表 6-16

单 位 Unit	课题数合计 Total projects	当年开题 Number of projects started	课题经费支出(千元) Expenditure by project (thousand yuan)	课题参加人员全时当量(人·年) Full-time equivalent of project participants (man·year)	
				本单位人员 Institution staff	流动人员 Floating staff
中国科学院文献情报中心 Library of Chinese Academy of Sciences	49	17	5346	82	40
成都文献情报中心 Chengdu Documentation and Information Center	15	8	2282	25	8
武汉文献情报中心 Wuhan Documentation and Information Center	9	7	235	14	2
资源环境科学信息中心 Scientific Information Center for Resources and Environment	13	4	1536	19	8

6-17 国家重点实验

Basic Statistics of Staff in the

单位：人

国家重点实验室名称 Names of the state key laboratories	固定研究人员 Permanent researchers	高 级 Senior
总 计 Total	**2022**	**1464**
数学、物理 Mathematics and physics		
中国科学院武汉物理研究所波谱与原子分子物理国家重点实验室 State Key Laboratory of Magnetic Resonance and Atomic and Molecular Physics, Wuhan Institute of Physics, CAS	41	37
中国科学院物理研究所、半导体研究所表面物理国家重点实验室 State Key Laboratory of Surface Physics, Institute of Physics and Institute of Semiconductors, CAS	36	26
中国科学院声学研究所声场与声信息国家重点实验室 State Key Laboratory of Acoustics, Speech and Signal Processing, Institute of Acoustics, CAS	29	22
中国科学院物理研究所超导国家重点实验室 State Key Laboratory of Superconductivity, Institute of Physics, CAS	28	24
中国科学院物理研究所磁学国家重点实验室 State Key Laboratory of Magnetism, Institute of Physics, CAS	30	27
中国科学院力学研究所非线性力学国家重点实验室 State Key Laboratory of Nonlinear Mechanics, Institute of Mechanics, CAS	31	27
中国科学院数学与系统科学研究所科学与工程计算国家重点实验室 State Key Laboratory of Scientific and Engineering Computing, Academy of Mathematics & Systems Science, CAS	20	18
中国科学院半导体研究所半导体超晶格国家重点实验室 State Key Laboratory of Superlattices and Microstructures, Institute of Semiconductors, CAS	22	18
化 学 Chemistry		
中国科学院大连化学物理研究所催化基础国家重点实验室 State Key Laboratory of Catalysis, Dalian Institute of Chemical Physics, CAS	40	29
中国科学院大连化学物理研究所、化学研究所分子反应动力学国家重点实验室 State Key Laboratory of Molecular Reaction Dynamics, Dalian Institute of Chemical Physics and Institute of Chemistry, CAS	37	22

室人员情况(2004 年)
State Key Laboratories: 2004

(person)

客座研究人员 Guest researchers			人才培养 Talent training		
	国 外 From aboard	国内高级 Senior	博士后 Postdocs	博 士 Candidates for doctor's degree	硕 士 Candidates for master's degree
1909	**294**	**875**	**320**	**3555**	**2369**
67	3	53	3	89	66
12	8	4	7	59	2
24		17	4	15	20
4		4		25	11
14	2	2	4	41	5
18	6	11	4	37	33
19	15	3	10	45	12
24	2	10	4	40	23
16	7	5	13	92	18
13	3	10	7	56	35

国家重点实验室名称 Names of the state key laboratories	固定研究人员 Permanent researchers	
		高 级 Senior
分子动态与稳态结构国家重点实验室(中国科学院化学研究所、北京大学) State Key Laboratory of Structural Chemistry of Unstable and Stable Species, Institute of Chemistry, CAS and Peking University	32	29
中国科学院上海有机化学研究所生命有机化学国家重点实验室 State Key Laboratory of Bio - Organic and Natural Products Chemistry, Shanghai Institute of Organic Chemistry, CAS	38	14
中国科学院福建物质结构研究所结构化学国家重点实验室 State Key Laboratory of Structural Chemistry, Fujian Institute of Research on the Structure of Matter, CAS	32	24
中国科学院兰州化学物理研究所羰基合成和选择氧化国家重点实验室 State Key Laboratory of Oxo Synthesis and Selective Oxidation, Lanzhou Institute of Chemical Physics, CAS	42	34
中国科学院山西煤炭化学研究所煤炭转化国家重点实验室 State Key Laboratory of Coal Conversion, Shanxi Institute of Coal Chemistry, CAS	23	23
中国科学院化学研究所、长春应用化学研究所高分子物理与化学国家重点实验室 State Key Laboratory of Polymer Physics and Chemistry, Institute of Chemistry and Changchun Institute of Applied Chemistry, CAS	50	49
中国科学院上海有机化学研究所金属有机化学国家重点实验室 State Key Laboratory of Organornetallic Chemistry, Shanghai Institute of Organic Chemistry, CAS	45	23
中国科学院长春应用化学研究所电分析化学国家重点实验室 State Key Laboratory of Electroanalytical Chemistry, Changchun Institute of Applied Chemistry, CAS	32	24
资源、环境 Resources and environment		
中国科学院大气物理研究所大气科学及地球流体力学数值模拟国家重点实验室 State Key Laboratory of Numerical Modeling for Atmospheric Sciences and Geophysical Fluid Dynamics, Institute of Atmospheric Physics, CAS	51	42
中国科学院广州地球化学研究所有机地球化学国家重点实验室 State Key Laboratory of Organic Geochemistry, Guangzhou Institute of Geochemistry, CAS	48	36
中国科学院地理科学与资源研究所资源与环境信息系统国家重点实验室 State Key Laboratory of Resources and Environmental Information System, Institute of Geographic Sciences and Natural Resources Research, CAS	58	52
中国科学院寒区旱区环境与工程研究所冻土工程国家重点实验室 State Key Laboratory of Frozen Soil Engineering, Cold and Arid Regions Environmental and Engineering Research Institute, CAS	29	20

续表 6-17

客座研究人员 Guest researchers	国外 From aboard	国内高级 Senior	人才培养 Talent training 博士后 Postdocs	博士 Candidates for doctor's degree	硕士 Candidates for master's degree
20	5	15	8	79	38
12	6	6	3	38	22
87	1	32	3	80	89
20	1	16		68	54
90	1	19	1	109	66
29	4	17	16	222	98
59			6	58	26
21	9	12	2	54	40
21	6	5	9	109	40
17		8	8	109	55
63	11	6	18	53	11
26	5	13	14	69	15

国家重点实验室名称 Names of the state key laboratories	固定研究人员 Permanent researchers	高 级 Senior
中国科学院地球环境研究所黄土与第四纪地质国家重点实验室 State Key Laboratory of Loess and Quaternary Geology, Institute of Earth Environment, CAS	36	19
中国科学院大气物理研究所大气边界层物理和大气化学国家重点实验室 State Key Laboratory of Atmospheric Boundary Layer Physics and Atmospheric Chemistry, Institute of Atmospheric Physics, CAS	30	25
环境模拟与污染控制国家重点实验室(清华大学、中国科学院生态环境研究中心、北京大学等) State Key Laboratory of Environmental Aquatic Chemistry, Tsinghua University, Research Center for Eco-Environmental Sciences, CAS, and Peking University	34	19
中国科学院地球化学研究所环境地球化学国家重点实验室 State Key Laboratory of Environmental Geochemistry, Institute of Geochemistry, CAS	42	30
黄土高原土壤侵蚀与旱地农业国家重点实验室(水土保持与生态环境研究中心) State Key Laboratory of Soil Erosion and Dryland Farming on Loess Plateau (Research Center of Soil of Water Conservation and Eco-Environmental Scienes)	36	24
中国科学院南京地质古生物研究所现代古生物学和地层学国家重点实验室 State Key Laboratory of Palaeobiology and Stratigraphy, Nanjing Institute of Geology and Palaeontology , CAS	25	24
遥感科学国家重点实验室(中国科学院遥感应用研究所、北京师范大学) State Key Laboratory of Remote Sensing Science, Institute of Remote Sensing Applications, CAS and Beijing Normal University	27	15
生 物 学 Biological sciences		
中国科学院动物研究所农业虫害鼠害综合治理国家重点实验室 State Key Laboratory of Integrated Management of Pest Insects and Rodents, Institute of Zoology , CAS	49	33
中国科学院生物物理研究所生物大分子国家重点实验室 State Key Laboratory of Biomacromolecules, Institute of Biophysics, CAS	25	20
中国科学院上海生命科学院分子生物学国家重点实验室 State Key Laboratory of Molecular Biology, Shanghai Institutes for Biological Sciences, CAS	41	41
中国科学院上海生命科学院植物分子遗传国家重点实验室 State Key Laboratory of Plant Molecular Genetics, Shanghai Institutes for Biological Sciences , CAS	15	15
中国科学院水生生物研究所淡水生态与生物技术国家重点实验室 State Key Laboratory of Freshwater Ecology and Biotechnology, Institute of Hydrobiology, CAS	58	32

续表 6-17

客座研究人员 Guest researchers			人才培养 Talent training		
	国 外 From aboard	国内高级 Senior	博士后 Postdocs	博 士 Candidates for doctor's degree	硕 士 Candidates for master's degree
25	8	17	3	33	44
14		12	1	26	5
26	8	9	4	77	52
24	7	10	7	65	48
51	16	35	2	38	54
318	51	171	6	14	20
20	7	13	3	67	53
12	6	5	10	71	46
13	3	6	6	58	27
			8	58	45
24		12	1	68	47
14		9	4	84	67

国家重点实验室名称 Names of the state key laboratories	固定研究人员 Permanent researchers	高 级 Senior
生物膜与膜生物工程国家重点实验室(中国科学院动物研究所、清华大学、北京大学) State Key Laboratory of Biomembranes and Membrane Biotechnology (Institute of Zoology, CAS, Tsinghua University and Peking University)	34	31
中国科学院动物研究所计划生育生殖生物学国家重点实验室 State Key Laboratory of Reproductive Biology, Institute of Zoology, CAS	12	9
中国科学院微生物研究所微生物资源前期开发国家重点实验室 State Key Laboratory of Microbial Resources, Institute of Microbiology, CAS	24	14
中国科学院上海药物研究所新药研究国家重点实验室 State Key Laboratory of Drug Research, Shanghai Institute of Materia Media, CAS	34	21
中国科学院遗传与发育生物研究所植物细胞与染色体工程国家重点实验室 State Key Laboratory of Plant Cell and Chromosome Engineering, Institute of Genetics and Developmental Biology, CAS	25	20
中国科学院过程工程研究所生化工程国家重点实验室 State Key Laboratory of Biochemical Engineering, Institute of Process Engineering, CAS	23	14
中国科学院昆明植物研究所植物化学与西部植物资源持续利用国家重点实验室 State Key Laboratory of Phytochemistry and Plant Resources in West China, Kunming Institute of Plant, CAS	41	28
中国科学院南京土壤研究所土壤与农业可持续发展国家重点实验室 State Key Laboratory of Soil and Sustainable Agriculture, Institute of Soil Science, CAS	22	21
中国科学院遗传与发育生物学研究所、微生物研究所植物基因组学国家重点实验室 State Key Laboratory of Plant Genomics, Institute of Genetics and Developmental Biology and Institute of Microbiology, CAS	60	32
技术科学 Technological sciences		
中国科学院上海技术物理研究所红外物理国家重点实验室 State Key Laboratory of Infrared Physics, Shanghai Institute of Technical Physics, CAS	31	21
中国科学院上海微系统与信息技术研究所、电子学研究所传感技术联合国家重点实验室 State Key Laboratory of Transducer Technology, Shanghai Institute of Microsystem and Information Technology, and Institute of Electronics, CAS	81	41
中国科学院长春光学精密机械与物理研究所应用光学国家重点实验室 State Key Laboratory of Applied Optics, Changchun Institute of Optics, Fine Mechanics and Physics, CAS	39	35

客座研究人员 Guest researchers			人才培养 Talent training		
	国 外 From aboard	国内高级 Senior	博士后 Postdocs	博 士 Candidates for doctor's degree	硕 士 Candidates for master's degree
119	1	38	3	101	96
3	1	2	5	19	19
8		4	1	53	7
11	3	8	2	52	31
5		5	11	90	42
41		4	5	54	12
12	6	6	3	54	52
36	1		1	20	16
34		1	9	143	44
25	4	21	5	39	4
13	3	2	6	86	127
5	1	4	6	58	35

国家重点实验室名称 Names of the state key laboratories	固定研究人员 Permanent researchers	
		高 级 Senior
中国科学院自动化研究所模式识别国家重点实验室 State Key Laboratory of Pattern Recognition, Institute of Automation, CAS	27	22
中国科学院研究生院信息安全国家重点实验室 State Key Laboratory of Information Security, Graduate School of the Chinese Academy of Sciences	49	31
集成光电子学国家重点实验室(清华大学、吉林大学、中国科学院半导体研究所) State Key Laboratory of Integrated Photoelectronics (Tsinghua University, Jilin University and Institute of Semiconductors, CAS)	14	14
中国科学院西安光学精密机械研究所瞬态光学与光子技术国家重点实验室 State Key Laboratory of Transient Optics and Photonics, Xi'an Institute of Optics and Fine Mechanics, CAS	40	24
中国科学院光电技术研究所微细加工光学技术国家重点实验室 State Key Laboratory of Optical Technologies on Microfabrication, Institute of Optics and Electronics, CAS	38	17
中国科学院上海微系统与信息技术研究所信息功能材料国家重点实验室 State Key Laboratory of Functional Materials for Informatics, Shanghai Institute of Microsystem and Information Technology, CAS	40	22
中国科学技术大学火灾科学国家重点实验室 State Key Laboratory of Fire Science, University of Science and Technology of China	36	26
中国科学院兰州化学物理研究所固体润滑国家重点实验室 State Key Laboratory of Solid Lubrication, Lanzhou Institute of Chemical Physics, CAS	40	31
中国科学院上海硅酸盐研究所高性能陶瓷和超微结构国家重点实验室 State Key Laboratory of High Performance Ceramics and Superfine Microstructure, Shanghai Institute of Ceramics, CAS	72	45
中国科学院金属研究所金属腐蚀与防护国家重点实验室 State Key Laboratory of Metal Corrosion and Protection, Institute of Metals Research, CAS	28	28

续表 6-17

客座研究人员 Guest researchers			人才培养 Talent training		
	国 外 From aboard	国内高级 Senior	博士后 Postdocs	博 士 Candidates for doctor's degree	硕 士 Candidates for master's degree
56	22	27	6	89	82
82	8	62	16	81	79
32		9	1	56	51
28	5	14	5	35	35
16	4	12		26	30
35	5	11	3	28	30
53	18	23	15	53	162
44	1	37		58	53
25	7	12	4	114	25
9	3	6	14	40	50

6-18 国家重点实验

Basic Statistics of Research Projects Conducted

单位: 个

学 科 Field	合 计 Total	攻关项目 State key projects	"863"课题 "863" key projects	"973"课题 "973" key projects
总 计 Total	**3768**	**54**	**309**	**316**
数学、物理 Mathematics & physics	320		18	40
化学 Chemistry	770	2	38	66
资源、环境 Resources & environment	843	24	40	59
生物学 Biological sciences	865	18	108	81
技术科学 Technological sciences	970	10	105	70

6-19 国家重点实验室科研

Statistics of Research Project Funds

单位: 千元

学 科 Field	合 计 Total	攻关项目 State key projects	"863"课题 "863" key projects	"973"课题 "973" key projects
总 计 Total	**1327156**	**34996**	**191516**	**193862**
数学、物理 Mathematics & physics	124916		6159	18687
化学 Chemistry	192885	200	17105	19964

室课题情况(2004 年)
by the State Key Laboratories: 2004

(unit)

国家基金 State funded projects	部委课题 Projects at the ministerial level	学委会审批 Projects selected by academic committees	国际合作 International cooperative projects	其 他 Others
929	**739**	**523**	**161**	**737**
112	57	35	6	52
209	169	172	27	87
219	187	102	70	142
228	155	92	27	156
161	171	122	31	300

课题经费投入情况(2004 年)
for the State Key Laboratories: 2004

(thousand yuan)

国家基金 State funded projects	部委课题 Projects at the ministerial level	学委会审批 Projects selected by academic committees	国际合作 International cooperative projects	其 他 Others
171425	**376524**	**19364**	**51225**	**288244**
24533	23392	710	3350	48085
30894	63904	3908	4710	52200

学 科 Field	合 计 Total	攻关项目 State key projects	“863”课题 “863” key projects	“973”课题 “973” key projects
资源、环境 Resources & environment	317190	12372	26892	65238
生物学 Biological sciences	295059	21729	66340	47120
技术科学 Technological sciences	397106	695	75020	42853

6-20 国家重点实验室
Statistics of Research Achievements

学 科 Field	获奖研究成果 Award-winning S&T achievements (项) (item)						
	国家级奖 National awards					院、部 Academy and	
	特等 Special class	一等 1st class	二等 2nd class	三等 3rd class	四等 4th class	特等 Special class	一等 1st class
总 计 Total			**9**			**2**	**19**
数学、物理 Mathematics & physics			3				
化学 Chemistry			2				3
资源、环境 Resources & environment			3			2	8
生物学 Biological sciences							5
技术科学 Technological sciences			1				3

国家基金 State funded projects	部委课题 Projects at the ministerial level	学委会审批 Projects selected by academic committees	国际合作 International cooperative projects	其 他 Others
42593	116827	3572	18795	30901
38133	51110	4377	15923	50327
35272	121291	6797	8447	106731

科技成果情况(2004 年)
from the State Key Laboratories: 2004

委奖 ministerial awards		论文 Theses (篇)(No. of articles)		专著 Monographs (种) (title)		授权专利 Patents granted (发明) (Invention) (项) (item)
二等 2nd class	三等 3rd class	国内发表 Published domestically	国际发表 Published internationally	中文 Chinese language	外文 Foreign language	
23	**6**	**4462**	**2923**	**91**	**15**	**416**
		455	311	4	1	35
1	1	1246	528	4	3	151
9	2	1332	589	43	3	28
8	1	695	506	23	2	85
5	2	734	989	17	6	117

6-21 工程中心总体情况

Overall Statistics of Engineering Research Centers

项　目　Items	2000 年	2001 年	2002 年	2003 年	2004 年
一、经济情况 Economic status					
收入总额（万元） Total income (ten thousand yuan)	51154	92822	93682	105849	134396
技术性收入（万元） Technology income (ten thousand yuan)	8456	7433	11574	7231	7270
生产性收入（万元） Production income (ten thousand yuan)	29072	62716	56035	69748	112526
其他（万元） Others (ten thousand yuan)	13626	22673	26073	29100	14600
利税总额（万元） Total profit and tax (ten thousand yuan)	11800	19331	16437	15971	20183
资产总额（万元） Total assets(ten thousand yuan)	142930	167570	213458	249834	295721
固定资产（万元） Fixed assets (ten thousand yuan)	45980	48170	51769	83073	109789
二、基本建设 Capital construction					
计划总投资（万元） Total investment (ten thousand yuan)	60190	63724	82738	104369	96783
已完成总投资（万元） Already invested (ten thousand yuan)	51190	52916	90338	102853	128591
国家拨款（万元） State allocation (ten thousand yuan)	18141	19554	26556	28668	30670
贷款（万元） Loan (ten thousand yuan)	3299	5487	22425	25662	39226
自筹（万元） Self-raised fund (ten thousand yuan)	25824	24656	33253	43077	46107
其他（万元） Others (ten thousand yuan)	3926	3219	8104	5446	12588

续表 6-21

项 目 Items	2000 年	2001 年	2002 年	2003 年	2004 年
已完成的基建规模 Already completed construction					
投资（万元） Investment (ten thousand yuan)	8448	9378	38224	42122	46906
面积（平方米） Floor Space (m^2)	32178	45899	259987	288742	113504
三、科技成果 S&T achievements					
获奖总数（项） Total awards (item)	22	43	22	16	19
国家级奖 National awards	5	5	1	4	1
省部级奖 Provincial & ministry awards	11	18	17	12	18
其他 Others	6	20	4		
专利申请量（件） Patents applied (item)	75	102	121	194	228
专利授权（件） Patents granted (item)	30	40	54	75	156
四、技术转移 Technology transfer					
技术服务、咨询（项） Technical service and consultation (item)	839	635	598	1597	1941
技术培训（人次） Technical training (person·time)	2757	3995	6123	3227	6160
受让企业新增产值(万元) Enterprise's newly increased value of output(ten thousand yuan)	939549	919799	926446	15093	54420

注：我院共有院级以上工程中心 32 个，此表只统计了 30 个工程中心的情况，上海放射性药物中心没有按要求上报统计报表，1 个与行业、地方共建的国家级工程中心没有要求他们上报统计报表。

Note: There are 32 engineering research centers under CAS. Only 30 engineering research centers statistics are included in this table. Shanghai Joint R&D Center of Radiopharmaceutics and another 1 National Research Center jointly supported by industry and local goverment are not requested to provide the required statistics.

6-22 工程中心各

Statistics of Various Kinds of Staff at

工程中心名称 Names of engineering research center	合计 Total	专业技术人员 Professional technical staff	高级 Senior	中级 Middle
总计 Total	**3605**	**2018**	**545**	**643**
光电子器件国家工程研究中心 National Engineering Research Center for Optoelectronic Devices	45	45	8	9
机器人技术国家工程研究中心 National Engineering Research Center for Robot	412	214	62	89
高档数控国家工程研究中心 National Engineering Center for Hi-End Computer Numerical Control	79	79	25	31
工程塑料国家工程研究中心 National Engineering Center for Engineering Plastics	81	39	6	8
高性能均质合金国家工程研究中心 National Engineering Center for High Performance Homogenized Alloys	75	75	17	17
精细石油化工中间体国家工程研究中心 National Engineering for Fine Petrochemical Intermediates	43	43	10	18
磁性功能材料国家工程研究中心 National Engineering Research Center for Magnetic Materials	284	38	6	11
微电子国家工程研究中心 National Engineering Research Center for Microelectronics	28	9	5	4
光盘及其应用国家工程研究中心 National Engineering Research Center for Optical Disks and Applications	27	27	2	4
膜技术国家工程研究中心 Dalian Membrane Center of Engineering R&D	78	58	15	21
生物信息系统国家工程研究中心 National Engineering Research Center for Bioinformation System	324	250	39	33
国家催化工程技术研究中心 National Engineering Research Center for Catalysis	758	190	51	72
国家并行计算机工程技术研究中心 National Research Center of Parallel Computer Engineering & Technology	143	143	57	71

类人员情况(2004 年)

Engineering Research Centers: 2004

学位 Degrees		学历 Education experience			按工作性质分 By working Sectors					
博士 Ph.D	硕士 MS	研究生 Post graduate	大学 Graduate	其他 Others	管理人员 Administrative staff	研究开发人员 R&D Staff	质量监督人员 Quality supervision staff	市场营销人员 Market staff	生产人员 Production staff	其他 Others
203	**531**	**745**	**1092**	**1768**	**443**	**1401**	**155**	**192**	**1222**	**192**
4	4	7	7	31	4	15	4	2	13	7
1	47	47	221	144	79	199	9	24	96	5
4	16	20	32	27	5	36	6	9	17	6
2	5	24	20	37	9	20	6	15	22	9
9	10	19	26	30	10	8	1		39	17
4	7	11	17	15	1	41	1			
	4	4	27	253	29	23	41	11	180	
1	1	2	3	23	2	2	3	1	6	14
1	1	1	8	18	4	2	1	4	9	7
4	24	16	35	27	18	10	2	26	22	
32	47	87	104	133	33	91	14	26	100	60
27	120	147	125	486	76	245	13	10	395	19
8	57	65	66	12	9	107	3	6	18	

工程中心名称 Names of engineering research center	合 计 Total	专业技术人员 Professional technical staff	高 级 Senior	中 级 Middle
国家专用集成电路设计工程技术研究中心 National Engineering Research Center for ASIC Design	71	60	7	23
国家金属薄膜功能材料工程技术研究中心 National Engineering Research Center for Metallic Thin Film of Functional Materials	24	24	14	8
国家生化工程技术研究中心 National Engineering Research Center for Biotechnology	30	30	12	18
国家金属腐蚀控制工程技术研究中心 National Engineering Research Center for Corrosion Control	80	75	35	18
国家天然药物工程技术研究中心 National Engineering and Technology Center for Natural Medicines	29	29	13	13
国家遥感应用工程技术研究中心 National Engineering Research Center for Geoinformatics	24	23	11	13
国家高性能计算机工程技术研究中心 National Engineering Research Center for High Performance Computer	59	59	4	12
国家真空仪器装置工程技术研究中心 National Engineering Research Center of Vacuum Instruments	178	116	36	38
国家节水灌溉工程技术研究中心 National Engineering Research Center for Water-Saving Irrigation	48	48	10	7
中国岩土工程研究中心 Chinese Research Center of Geotechnical Engineering	34	34	10	17
中国科学院有机合成工程研究中心 CAS Engineering Research Center of Organic Synthesis	295	199	23	136
中国科学院计算机语言信息工程研究中心 CAS ERC for Computer & Language Information	117	117	22	36
中国科学院信息安全技术工程研究中心 CAS ERC for Information Security Technology	45	45	4	18
中国科学院、吉林省北方液晶工程技术研究中心 North Liquid Crystal Engineering R&D Center	25	20	7	2
中国科学院热安全工程研究中心 CAS Engineering Research Center for Thermal Safety	55	55	30	15
中国科学院皮革化工材料工程研究中心 CAS Engineering Research Center for Leather Chemical Materials	86	45	16	5
中国科学院精密铜管工程技术研究中心 CAS Engineering Research Center for Precised Copper Pipes	28	28	11	12

续表 6-22

学 位 Degrees		学 历 Education experience			按工作性质分 By working Sectors					
博 士 Ph.D	硕 士 MS	研究生 Post graduate	大 学 Graduate	其 他 Others	管理人员 Adminis-trative staff	研究开发人员 R&D Staff	质量监督人员 Quality super-vision staff	市场营销人员 Market staff	生产人员 Produ-ction staff	其 他 Others
7	13	20	23	28	14	54	2	1		
11	1	12	6	6	3	16			4	1
10	19	27	3		1	29				
6	18	18	35	27	13	30	10	10	17	
2	4	6	20	3	4	17	3		4	1
4	4	8	6	10	2	22				
6	34	40	14	5	3	50				6
5	15	20	74	84	19	79	8	10	50	12
2	10	12	26	10	2	35				11
6	6	12	11	11	2	22	2	2	4	2
2	6		28	267	52	24	15	3	196	5
7	22	29	68	20	26	69	6	16		
3	20	23	21	1	3	42				
4		4	13	8	6	17		2		
21	10	31	20	4	6	30	4	5		10
5	6	28	13	45	6	40	1	9	30	
5		5	20	3	2	26				

主要统计指标解释

人　员

1. 从事科技活动人员

指职工总数中的科技管理人员、课题活动人员和科技服务人员。

科技管理人员　指院、所领导及业务、人事管理人员。包括：直接从事科技计划管理、课题管理、成果管理、专利管理、科技统计、科技档案管理、科技外事工作、人事管理、教育培训、财务等活动的人员。

课题活动人员　指编制在研究室或课题组的人员。

科技服务人员　指从事图书、情报、测试、试验、咨询、物资器材供应等工作的人员以及实验室、试验工厂(车间)、试验农场的人员。不包括司机、门卫、食堂人员、医务人员、清洁工以及幼儿园、托儿所工作人员等。

2. 科学家和工程师

指具有大学毕业及以上学历的或具有高、中级技术职称(务)的人员。

3. 其他科技人员

指具有大、中专毕业学历或具有初级技术职称(务)的人员。

4. 从事生产、经营活动人员

指主要从事定型产品的批量生产、单位内部招待所、商店、出版印刷等生产经营和对外服务活动的人员。在机构下属经济实体中的院所编制人员也应包括在内。

经　费

1. 经费

包括暂收(暂付)款，经费收入中各项皆为毛收入。

2. 科技活动收入

政府资金　指由各级政府部门直接拨款或企事业单位利用政府资金委托本机构从事科学技术活动所获得的收入。

★财政补助收入　指由中央或地方财政通过预算的形式拨给本机构的经费，包括正常经费和专项经费。单位收到由财政部门拨给主管部门和上级单位转拨的科学事业费，以及由财政部门拨给上级主管部门和上级单位以科研课题或项目下达的科学事业费，均属财政预算拨款。

★承担政府科研项目收入　指本机构为了开展科学研究、新产品试制、中间试验、科技成果示范性推广等科技活动，通过签订协议、合同或其他形式申请并获得的政府经费，包括课题专项、设备专项和其他专项。

技术性收入　指本机构从事科学技术活动所获得的非政府资金(毛收入)，如：企事业单位和社会团体利用自有资金委托本机构开展科学技术活动所提供的资金，由技术开发收入、技术转让收入、技术咨询及服务收入、学术活动和生产科普活动收入几项合计。

★来自企业 指本机构通过接受企业委托、为企业提供技术开发、技术咨询服务等形式从事科学技术活动而从企业获得的收入。

★技术开发收入 指本机构承接社会各方面委托的有关新技术、新产品、新工艺和新材料及其系统的研究开发任务而获得的收入。

★技术转让收入 指本机构通过专利权转让、专利申请权转让、专利实施许可、非专利技术的转让所获得的收入。

★技术咨询、服务、培训、承包收入 不包括建设工程的勘探、设计、施工、安装和加工承揽。

★国外资金 指中国境外的企业、大学、国际组织、民间组织、金融机构及外国政府提供给在中国境内注册的各类单位用于科技活动的经费。不包括外国在中国注册的企业提供的经费。

★科技活动借贷款 指本机构为开展科技活动从各种渠道获得的各种借、贷款。不论偿还形式、期限和数额如何，均按当年获得的借、贷款额填报。不包括基本建设贷款。

生产经营收入 指本机构在科研、技术等专业业务活动以外开展非独立核算的经营活动取得的收入，包括产品(商品)销售收入、经营服务收入、工程承包收入、租赁收入和其他经营收入。

其他收入 指除上述各项以外的收入，包括国内外社会和个人赞助、捐赠，以及借款等。

3. 科技经费内部支出

指本单位在报告期内用于内部开展科技活动实际支出的费用，包括来自科研渠道以及其他各种渠道的经费实际用于科技活动支出的费用，包括外协加工费。

★人员费用 指以货币或实物形式直接或间接支付给科技活动人员的劳动报酬及各种费用，包括各种形式的工资、补助工资、津贴、价格补贴、奖金、福利、失业保险、养老保险、医疗保险、工伤保险、人民助学金等。包括支付给研究生的助学金、奖学金等开支。为科技活动提供间接服务人员的劳务费不计入此项。

★设备购置费 指本单位使用非基本建设投资购建费购买用于科技活动的固定资产的实际支出额，固定资产指长期使用而不改变原有的实物形态，单位价值在规定标准以上的主要物资设备。如科研仪器设备、图书资料、实验材料和标本以及其他科研设备。

★其他日常支出 指本单位用于科技活动除上述以外的支出。例如，用于科技活动的原材料费、水电能源费、差旅费、加工试验费、设备使用费、计算机机时费、资料印刷费等。培训研究生的消耗性支出也一并统计。

基 本 建 设

1. 基本建设投资实际完成额

指本机构在报告期内完成的用货币表示的基本建设工作量。

2. 自筹

指在当年基本建设投资实际完成额中自筹投资的部分，自筹部分应包括拨改贷后须由机构自身偿还的贷款。

3. 科研仪器设备

指本机构在基本建设投资的实际完成额中购置的科研仪器设备总值。非科研设备购置不计入此项。

4. 科研土建工程

指本机构在基本建设投资的实际完成额中完成的科研土建工作量(如科研楼、试验用房等)。非科研土建工程(如住房等)不计入此项。

科 技 活 动

1. 课题活动分类

基础研究 指为获得新知识而进行的独创性研究。其目的是揭示观察到的现象和事实的基本原理和规律，而不以任何特定的实际应用为目的。

应用研究 指为获得新的科学技术知识而进行的独创性研究。它主要针对某一特定的实际应用目的。应用研究通常是为了确定基础研究成果或知识的可能的用途，或是为达到某一具体的、预定的实际目的确定新的方法(原理)或途径。

★区分基础研究与应用研究的主要标志 具有特定的实际应用目的。

试验发展 利用从研究或实际经验获得的知识，为生产新的材料、产品和装置，建立新的工艺和系统，以及对已生产或建立的上述各项进行实质性的改进，而进行的系统性工作。

★区分科学研究(基础研究和应用研究)与试验发展的主要标志 前者主要是为了增加科学技术知识，后者则是为了开辟新的应用领域(如新材料或新技术)。

★区分科学研究与试验发展及其他有关活动的主要标志 具有创新成分的活动归于前者。

研究与试验发展成果应用 为解决R&D活动阶段产生的新产品、新装置、新工艺、新技术、新方法、新系统和服务等投入生产或实际应用所存在的技术问题而进行的系统性活动。它不具有创新成分。此类活动包括为达到生产目的而进行的定型设计和试制以及为扩大新产品生产规模和新方法、新技术、新工艺等的应用领域而进行的适应性试验。

★研究与试验发展、研究与试验发展成果应用和工业生产活动三者之间的界限大致划分如下:

(1) 新产品的研制

实质性的新产品，即完全新的新产品或对现有产品的性能进行重大改进的设计、制造和试验，是研究与试验发展活动。对引进(或购买)现成的技术成果(如专利、技术诀窍、图纸和样机等)进行复制或直接应用而形成新产品的过程，不是研究与试验发展活动，而是研究与试验发展成果应用活动。

(2) 新工艺、新方法的研制

对新工艺、新方法的研制或对现有工艺、生产过程进行实质性的技术改进，是研究与试验发展。采用国内已有的生产工艺或生产过程，而在技术上没有实质性的改进，只是对采用的生产工艺或生产过程做适应性的试验，不属于研究与试验发展，而是研究与试验发展成果应用活动。

(3) 中间试验

新产品、新工艺、新生产过程直接用于生产前，往往要进行中间试验，以解决一系列的技术问题，情况比较复杂，对其是否属于研究与试验发展应视具体情况而定。

如果进行中间试验的直接目的是为了从技术上进一步改进产品、工艺或生产过程或为此目的进行试验以获得经验和收集数据，是研究与试验发展；如果为了进行产品的定型设计，获取生产所的技术参数，那么就不是研究与试验发展，而是研究与试验发展成果应用活动。

(4) 试生产

试生产是在完成了生产前的各项技术准备后，在正式生产前的“试验性”生产。试生产的直接目的不是对产品或生产过程在技术方面做进一步的改进，而是为了使生产能顺利进行，因而既不属于研究与试验发展，也不属于研究与试验发展成果应用活动。

(5) 质量控制与检验测试

生产过程的质量控制及材料、设备、产品的常规检验、测试，不属于研究与试验发展，也不属于研究与试验发展成果应用活动，原型检验测试和非商业性的试验工厂(中试车间)中的检验测试，属于研究与试验发展。

(6) 市场研究

既不是研究与试验发展，也不是研究与发展成果应用活动。

科技服务 与科学研究与试验发展有关，并有助于科学技术知识的产生、传播和应用的活动。包括: 为扩大科技成果的使用范围而进行的示范性推广工作；为用户提供科技情报和文献服务的系统性工作；为用户提供可行性报告、技术方案、建议及进行技术论证等技术咨询工作；自然、生物现象的日常观测、监测，资源的考察和勘探；有关社会、人文、经济现象的通用资料的收集，如统计、市场调查等，以及这些资料的常规分析与整理；为社会和公众提供的测试、标准化、计量、计算、质量控制和专利服务，不包括工商企业为进行正常生产而开展的上述活动。

生产性活动 由于具备特殊的工艺设备条件，或掌握某种技术专长或诀窍，所进行的小量非常规生产。

2.课题经费支出

指当年为进行该课题研究而从课题经费中直接支出的全部经费(不包括与外单位合作进行该课题研究而拨给对方使用的经费)。

3.课题参加人员折合全时工作量

指按工作量计算的当年实际参加课题活动的各类人员总数。统计时首先把课题人员分离为全时人员和非全时人员，然后折算为全时工作量。

全时人员 指在本年度工作中，从事该课题活动的工作量(累计工作时间与本人全年工作总时间之比)在 0.9 以上(含 0.9)的人员数。

非全时人员 指在本年度工作中，从事该课题活动的工作量在 0.1~ 0.9 之间的人员数。工作量不到 0.1 不计在内。

全时当量 指全时人员数加所有非全时人员的工作量总和，数值取小数点后一位。

国家重点实验室

1. 固定人员

指由实验室主任聘任并有一定任期的相对稳定的研究人员、技术人员和管理人员。国家重点实验室的固定人员可以由室主任连聘连任。

2. 客座人员

指通过课题申请并获准来开放实验室从事研究工作的所内外工作人员。开放实验室的客座人员没有固定任期，在课题获准进行期内属于开放实验室的人员，享受固定人员同等待遇，课题结束之后，必须离室，因此客座人员是流动的。

3. 学委会审批课题

经学术委员会审议批准，用开放经费支持的课题。固定客座合作课题指由开放实验室固定、客座人员合作共同承担的学委会审批课题。

Explanatory Notes on Key Indicators

Personnel

1. S&T activity personnel

S&T activity personnel comprise S&T management personnel, project activity personnel and S&T service personnel.

S&T management personnel refers to leaders at various levels in the Academy and institutes and those who are engaged in S&T and personnel management, including those who participate directly in such activities as S&T planning, project management, research achievement management, patent management, S&T statistics, management of S&T archives, S&T international cooperation, personnel management, education and training, and finance.

Project activity personnel refers to staff whose payroll is in the laboratory or project research group.

S&T service personnel refers to those engaged in library, information, measurement, testing, consultation, material and equipment supply as well as those working in laboratories, pilot factories (workshops) and experimental farms. They should not include drivers, janitors, and persons working in mess halls, medical houses, nurseries and kindergartens.

2. Scientists and engineers

This heading can be defined as persons who are of higher educational level or have senior or intermediate academic titles.

3. Other S&T personnel

This heading refers to persons who are of specialized higher school or specialized secondary school educational level or have junior or specialized secondary school educational level or have junior academic (or technical) titles.

4. Production and business activity personnel

This mainly refers to staffs who are engaged in the production, business activity and services such as batch process of finalized products, management and services in the guesthouses and shops, and publication and printing. Staff on the CAS and institute payroll who work in the economic entities attached to the institution shall also be included.

Current Intramural Funds

1. Current intramural funds

Current intramural income and expenditure include temporary collection and temporary payment. Items included in the current intramural income are all gross income.

2. Current intramural income from S&T activities

Income from government funds This heading refers to funds directly allocated by government departments at all levels or income obtained by a particular institution through conducting S&T activities entrusted by enterprises and institutions using government funds.

★*Income from government subsidy* This refers to budgetary funds allocated by the central or local financial departments, including normal funds and special funds. The operation funds for scientific research obtained from the financial departments via higher authorities and the operating funds for scientific research obtained from the financial departments via higher authorities designated for research projects are all in the category of financial budgetary allocation.

★*Income from undertaking government research projects* This refers to funds received by a particular institution from the government for the purpose of carrying out S&T activities through signing agreements, contracts or other forms of application, such as scientific research, new product development and experiment, pilot experiment, and demonstration and commercialization of S&T results. This includes special funds for research projects, equipment and other items.

Technical income This refers to the gross income obtained by a particular institution from non-governmental departments for undertaking S&T activities, such as self-raised funds from institutions, enterprises and social organizations for entrusting the particular institution to carry out S&T activities. It also includes income from technology development, technology transfer, technology consultation and service, academic activities and production, and science popularization activities.

★*From enterprises* This refers to the income obtained by a particular institution from the enterprises by undertaking entrusted S&T activities for the enterprises in the form of technology development, technology consultation and service.

★*Income from technology development* This refers to income received by a particular institution from commissioned R&D on new technologies, products, processes, materials and systems.

★*Income from technology transfer* This refers to income received by a particular institution from transfer of its patents, patent application rights, patent licenses and non-patented technologies.

★*Income from technological consultation, services, training and contracts* This heading excludes the income from exploitation of construction engineering, design, construction, installation and contracts for processing.

★*Overseas Funds* This heading refers to the funds provided by overseas enterprises, universities, international organizations, non-government organizations, financial agencies and foreign governments to the institutions and units registered in China for S&T activities. This excludes the funds provided by the foreign enterprises registered in China.

★*Loans for S&T activities* This heading refers to all kinds of loans obtained by a particular institution from various sources for S & T activities. No mater what kind of form, duration and volume of the repayment will be, the total monetary volume of loans obtained in the reference year should be recorded. But, any loans for capital construction is not included.

Production Business Income This heading refers to income received by a particular institution from undertaking of business activities which are excluded from S & T activities, without an independent accounting, such as the income from products sales, business services, project contracts and lease and other businesses.

Other Income This heading refers to the income, both from home and abroad, such as donations from the society and individuals as well as some special loans, etc., which does not fall into the above-mentioned categories.

3. Current Intramural Expenditure

This refers to actual expenditure for S & T activities by a particular institution within the reported period, including all the expenses for S & T activities funded by not only research and development (R&D) channels but also other sources. This also includes the expenditure for the products processing with outside cooperation.

★*Personnel cost* This refers to the expenditure paid by a particular institution to its staff, directly or indirectly, in cash or in kind, including basic salary, subsidiary salary, allowances, price subsidiary, bonus, welfare funds for staff, unemployment insurance, old-aged pension, medical care insurance, insurance against injury at work, people's fellowship, etc., including stipend and fellowship for graduate students. This excludes the remuneration for personal services.

★ *Equipment purchasing expenditure* This refers to the exact expenditure of non-capital construction investment spent by a particular institution on purchasing fixed assets for S & T activities. Fixed assets cover major equipment and installations with unit price above the set quota, which can be used over a long period of time without changing their original material forms (or appearances), such as scientific research equipment and installations, books, library materials, laboratory materials and specimens as well as other facilities for research activities.

★*Other daily expenditure* This refers to the expenditure spent by a particular institution for S & T activities, which is not included in the above-mentioned items, such as costs of raw materials for the performance of S & T activities, charges for water and electricity, travel, expenses directly associated with processing and experiments, costs of equipment utilization, computer times, printing of materials, etc. Consumptive expenditure for graduate student training is also included.

Capital Construction

1. Actual expenditure in capital investment

This refers to the amount of capital construction work completed by a particular institution in the reference year, which is expressed in monetary terms.

2. Self-raised funds

This refers to funds raised by a particular institution in the actual spending in capital investment. It includes loans, which should be paid back by the institution itself after the reform of the S&T appropriation system.

3. Scientific research instruments and equipment

This refers to the total expenditure on scientific research equipment in the actual capital expenditure. Expenditure on non-research equipment is not included in this category.

4. Civil engineering projects for scientific research

This refers to the actual amount of work completed by a particular institution on research facilities (such as research and experiment buildings) in the actual expenditure of capital investment. Construction project not for research purpose (such as living quarters) is not included.

S&T Activities

1. Classification by project activity

Basic research Basic research can be defined as any original research undertaken to acquire new knowledge. Its purpose is to explore the underlying principles and laws of observed phenomena and facts, without any particular practical application in view.

Applied research Applied research is defined as any original research undertaken in order to acquire new scientific and technological knowledge. It is, however, directed primarily towards a specific practical aim or objective. Applied research is usually undertaken to determine the possible application of the results or knowledge from basic research, or to determine new methods or ways of achieving some specific and predetermined practical aim.

★The main criterion for distinguishing basic research from applied research is that the latter has specific practical application in view.

Experimental development Experimental development can be defined as any systematic work, drawing on existing knowledge gained from research and/or practical experience, that is directed to producing new materials, products and devices, to installing new processes and systems, and to improving substantially those already produced or installed.

★The main criterion for distinguishing scientific research (basic or applied) from experimental development is that whereas the former is primarily directed towards the increase of S&T knowledge, the latter is directed towards the introduction of new application (e.g. new materials or technologies).

★The main criterion for distinguishing scientific research from experimental development is that the former involves creative activities.

Application of research and experimental development results Application of research and experimental development results can be defined as any systematic work that is directed to the technical issues in the production and practical use of new products, new devices, new processes, new techniques, new methods, new systems and services which are generated from research and development results. This kind of activity does not involve creation and innovation. It includes finalized design and pilot development for production purposes as well as adaptability testing directed to expanding the production scale of new products and the application of new methods, technologies and processes.

★The main criterion for distinguishing research and experimental development, application of research and experimental development results, and industrial activities is basically the following:

(1) Development of new products

Activities directed towards the development of new products, that is, completely new products, substantial improvement of the design, development and experiment on the properties of existing products, should be defined as research and experimental development, while the process of producing new products through copy or direct use of imported (or purchased) technical results (such as patents, technical know-how, blueprints and prototypes) should not be mentioned as research and experimental development. It falls into the category of application of research and experimental development results.

(2) Development of new processes and methods

The development of new processes or methods and the substantial technical improvement of existing technologies and production processes are research and experimental development. Activities involved in adopting existing domestic production techniques or processes without making substantial improvements (or when only adaptability testing is conducted) cannot be considered as research and experimental development. They are the application of research and experimental development results.

(3) Pilot experiment

Before new products, technologies and production processes can be used in production; pilot experiments are usually carried out in order to solve a series of technical issues. These experiments are complex in nature and whether they are considered as research and experimental development or not can only be judged according to concrete conditions.

If the immediate aim of the pilot experiment is to make further technical improvement of existing technologies and production processes are research acquisition of experience and data for that purpose, the activity should be regarded as research and experimental development. If, on the contrary, the immediate aim is to make finalized design for a product and to obtain technical data needed for the production, the activity should be regarded as research and experimental development. It is part of the application of research and experimental development results.

(4) Trial production

Trial production can be defined as “experimental” production conducted after various technical preparations are completed but before full scale production is started. Since the immediate aim of trial production is not to make further technical improvement of the product or the production process concerned but to get the production process working smoothly, it is neither research and experimental development, nor application of research and experimental development results.

(5) Quality control, checking and testing

Quality control of production processes and routine checking and testing of materials, devices and products are neither research and experimental development nor application of research and experimental development results. However, the testing of prototypes and testing conducted in a non-commercial pilot plant (workshop) should be regarded as research and experimental development.

(6) Market study

This is neither research and experimental development, nor application of research and experimental development results.

Scientific and technical services Scientific and technical services can be defined as any activities concerned with scientific research and experimental development and contributing to the generation, dissemination and application of scientific and technological knowledge. They include the demonstration and popularization activities to introduce the application of scientific and technological results; systematic work on scientific and technological information and documentation services; technical consultation provided to users such as feasibility studies, technical schemes, proposals and technical investigations; routine observation and monitoring of natural and biological phenomena, surveying and exploration of resources; and the gathering of general information on social, human and economic phenomena (such as statistics and market studies); as well as the routine analysis and compilation of the above mentioned information; testing, standardization, metrology, computation, quality control and patent services (excluding the above mentioned activities carried out by industries for normal production).

Productive activities This heading refers to small-scale non-conventional production undertaken because of possessing special processing equipment and facilities or technical specialties and know-how.

2. Total direct expenditure by project group

This refers to the total funds actually spent directly by the project group for the research of the project. It does not include funds transferred to the cooperators if the project is conducted jointly.

3. Full-time equivalent of project activity personnel

This refers to the total number of various kinds of personnel who actually participate in the project activities in the reference year, calculated according to their work load. In making the statistics, the project activity personnel are first classified as full-time personnel and part-time personnel and their work load are then converted into full-time work load.

Full-time personnel This refers to the number of personnel whose work load for the project activity (the ratio between accumulated working hours spent on the project activity and the total hours worked in the reference year) is 0.9 or above.

Part-time personnel This refers to the number of personnel whose work load for the project activity is from 0.1 to 0.9.Those whose work load for the project activity is less than 0.1 are not included.

Full-time equivalent This refers to the total work load of full-time personnel and part-time personnel.

State Key Laboratories

1. Permanent researchers

This refers to research, technical and managerial personnel who are invited or engaged by the directors of the open laboratories to serve for certain terms.

2. Guest researchers

This refers to scientists both inside and outside the institutes who conduct research activities at the State Key laboratories after their research applications have been approved. Guest researchers do not serve for fixed terms. They are on the staff of the State Key laboratories within the allowed period for pursuing their research subjects and enjoy the same treatment as the permanent staff does, but must leave the laboratories upon completion of their research.

3. Projects approved by the academic committees

This refers to research projects, which are approved by the academic committees and funded by the open laboratory research funds. Jointly conducted projects refer to those research projects which are approved by the academic committees and are jointly conducted by the permanent staff and guest researchers of the State Key Laboratories.

七、人才培养与引进

TALENT TRAINING AND RECRUITMENT

7-1 中国科学技术大学录取和毕业大学生情况
Enrollment and Graduation of Undergraduate Students in the University of Science and Technology of China

单位：人 (person)

年份 Year	录取大学生 Total enrollment			毕业大学生 Total graduation		
	合计 Total	本科 Regular college courses	专科 Special college courses	合计 Total	本科 Regular college courses	专科 Special college courses
1978	999	999				
1979	3009	3009		869	799	70
1980	557	557		1451	1334	117
1981	568	568		108		108
1982	639	588	51	690	690	
1983	721	662	59	668	668	
1984	758	714	44	529	476	53
1985	835	777	58	593	534	59
1986	752	752		574	574	
1987	985	810	175	572	572	
1988	1054	774	280	850	638	212
1989	748	632	116	892	687	205
1990	860	695	165	1003	734	269
1991	970	776	194	820	683	137
1992	1291	865	426	987	821	166
1993	1870	1032	838	899	684	215
1994	1721	1084	637	869	493	376
1995	1621	1123	498	1502	611	891
1996	1759	1148	611	1494	867	627
1997	1448	1248	200	1366	886	480
1998	1583	996	587	1590	1450	140
1999	1980	1840	140	1181	984	197
2000	2042	1902	140	1875	1540	335
2001	2005	1825	180	1986	1704	282
2002	1863	1863		2012	1871	141
2003	1862	1862		2321	2321	
2004	1848	1848		1754	1754	

7-2 录取研究生和授予学位情况

Total Enrollment of Graduate Students and Degrees Granted

单位：人 (person)

年份 Year	录取研究生 Total enrollment 合计 Total	博士 Doctor's degree	硕士 Master's degree	授予学位 Total degrees granted 合计 Total	博士 Doctor's degree	硕士 Master's degree
1955~1965	1287		1287			
1978	1400		1400			
1979	351		351			
1980	193		193			
1981	1123	107	1016	974		974
1982	1329	42	1287	178		178
1983	1334	59	1275	205		205
1984	1772	253	1519	469		469
1985	2349	372	1977	1181	72	1109
1986	2314	392	1922	998	78	920
1987	2361	561	1800	1187	82	1105
1988	2325	513	1812	2255	189	2066
1989	1966	416	1550	2370	313	2057
1990	1883	488	1395	1662	226	1436
1991	1862	562	1300	1940	326	1614
1992	2197	702	1495	1580	278	1302
1993	2383	724	1659	1019	244	775
1994	3024	1180	1844	1529	413	1116
1995	3372	1466	1906	1693	518	1175
1996	3631	1603	2028	2179	689	1490
1997	3605	1605	2000	2516	849	1667
1998	3769	1720	2049	2391	1111	1280
1999	4287	1926	2361	2769	1213	1556
2000	5807	2622	3185	2662	1247	1415
2001	7344	3171	4173	2953	1473	1480
2002	9346	3943	5403	3009	1451	1558
2003	11439	5004	6435	4019	1931	2088
2004	12981	5562	7419	5092	2428	2664

7-3 研究生招收培养及
Total Enrollment of Graduate

单位：人

招生单位 Institution	录取研究生 Enrollment in 2004			在学研究生 At school		
	合计 Total	博士 Ph.D.	硕士 MS	合计 Total	博士 Ph.D.	硕士 MS
总计 **Total**	**12981**	**5562**	**7419**	**33766**	**14509**	**19257**
北京市 Beijing	4950	2346	2604	12054	5948	6106
数学与系统科学研究院 Academy of Mathematics & Systems Science	136	74	62	413	239	174
物理研究所 Inst. of Physics	241	122	119	629	369	260
声学研究所 Inst. of Acoustics	129	60	69	353	164	189
理论物理研究所 Inst. of Theoretical Physics	36	16	20	95	49	46
理化技术研究所 Technical Inst. of Physics and Chemistry	127	74	53	340	190	150
高能物理研究所 Inst. of High Energy Physics	149	69	80	386	171	215
国家天文台 National Astronomical Observatories of China	117	53	64	290	109	181
力学研究所 Inst. of Mechanics	105	39	66	255	112	143
化学研究所 Inst. of Chemistry	295	182	113	795	463	332
生态环境研究中心 Research Center for Eco-Environmental Sciences	168	127	41	438	317	121
过程工程研究所 Inst. of Process Engineering	125	55	70	311	146	165
地理科学与资源研究所 Inst. of Geographic Sciences and Natural Resources Research	179	119	60	466	313	153
地质与地球物理研究所 Inst. of Geology and Geophysics	168	106	62	421	281	140
古脊椎动物与古人类研究所 Inst. of Vertebrate Paleontology and Paleoanthropology	11	2	9	27	9	18

授予学位情况(2004 年)
Students and Degrees Granted: 2004

(person)

授予博士学位 Doctor's degree				授予硕士学位 Master's degree			
合 计 Total	理 学 Natural sciences	工 学 Engineering	其 他 Other	合 计 Total	理 学 Natural sciences	工 学 Engineering	其 他 Other
2428	**1631**	**734**	**63**	**2664**	**1009**	**1040**	**615**
1001	690	299	12	657	259	378	20
60	50	1	9	25	17	4	4
69	69			6	6		
29	4	25		26	2	24	
11	11			1	1		
22	21	1		13	5	8	
28	19	9		11	6	5	
18	18			23	23		
22	6	16		25	10	15	
97	97			7	7		
58	58			7	7		
28		28		20	19	1	
60	60			21	20		1
50	47	3		9	8	1	
1	1						

招 生 单 位 Institution	录取研究生 Enrollment in 2004			在学研究生 At school		
	合 计 Total	博 士 Ph.D.	硕 士 MS	合 计 Total	博 士 Ph.D.	硕 士 MS
大气物理研究所 Inst. of Atmospheric Physics	120	80	40	281	178	103
遥感应用研究所 Inst. of Remote Sensing Application	124	74	50	254	139	115
植物研究所 Inst. of Botany	194	95	99	414	224	190
动物研究所 Inst. of Zoology	128	85	43	332	210	122
心理研究所 Inst. of Psychology	54	28	26	155	76	79
微生物研究所 Inst. of Microbiology	94	57	37	242	135	107
生物物理研究所 Inst. of Biophysics	135	55	80	322	135	187
遗传与发育生物学研究所 Inst. of Genetics and Developmental Biology	169	82	87	464	237	227
北京基因组研究所 Beijing Genomics Inst.	31		31	31		31
计算技术研究所 Inst. of Computing Technology	286	118	168	796	363	433
计算机网络信息中心 Computer Network Information Center	50	5	45	119	5	114
软件研究所 Inst. of Software	208	72	136	538	197	341
半导体研究所 Inst. of Semiconductors	175	85	90	411	226	185
微电子研究所 Inst. of Microelectronics	65	30	35	177	66	111
电子学研究所 Inst. of Electronics	168	63	105	421	157	264
电工研究所 Inst. of Electric Engineering	86	36	50	223	83	140
工程热物理研究所 Inst. of Engineering Thermophysics	66	30	36	134	61	73
空间科学与应用研究中心 Center for Space Science and Applied Research	87	18	69	198	45	153

续表 7-3

授予博士学位 Doctor's degree				授予硕士学位 Master's degree			
合计 Total	理学 Natural sciences	工学 Engineering	其他 Other	合计 Total	理学 Natural sciences	工学 Engineering	其他 Other
13	13			8	8		
21	21			20	20		
41	41			9	9		
39	39			6	6		
13	13			17	17		
23	23			19	19		
29	29			3	3		
29	29			18	17		1
52		52		56		56	
				14		14	
29		29		70	3	67	
40	3	37		15		15	
4		4		17		17	
15		15		34		34	
6		6		36		36	
8		8		3		3	
3	3			18	2	16	

招生单位 Institution	录取研究生 Enrollment in 2004			在学研究生 At school		
	合计 Total	博士 Ph.D.	硕士 MS	合计 Total	博士 Ph.D.	硕士 MS
自动化研究所 Inst. of Automation	177	107	70	491	275	216
中国遥感卫星地面站 China Remote Sensing Satellite Ground Station	25		25	60		60
自然科学史研究所 Inst. of History of Natural Sciences	21	10	11	55	27	28
科技政策与管理科学研究所 Inst. of Policy and Management	33	13	20	70	13	57
北京中科科仪技术发展有限责任公司 KYKY Technology Development Ltd.						
中国科学院文献情报中心 Library of Chinese Academy of Sciences	33	15	18	72	32	40
中国科学院研究生院 Graduate School of the Chinese Academy of Sciences	435	90	345	575	132	443
河北省 Hebei Province	19	10	9	52	25	27
渗流流体力学研究所 Inst. of Osmotic Mechanics	19	10	9	52	25	27
山西省 Shanxi Province	95	40	55	285	130	155
山西煤炭化学研究所 Shanxi Inst. of Coal Chemistry	95	40	55	285	130	155
辽宁省、山东省 Liaoning and Shandong provinces	817	387	430	2275	1051	1224
大连化学物理研究所 Dalian Inst. of Chemical Physics	245	135	110	686	355	331
沈阳应用生态研究所 Shenyang Inst. of Applied Ecology	90	45	45	240	125	115
中国科学院沈阳计算技术研究所有限公司 CAS Shenyang Computing Technology Co., Ltd.	45		45	127		127
沈阳自动化研究所 Shenyang Inst. of Automation	100	40	60	293	113	180
金属研究所 Inst. of Metals Research	180	90	90	500	250	250

续表 7-3

授予博士学位 Doctor's degree				授予硕士学位 Master's degree			
合计 Total	理学 Natural sciences	工学 Engineering	其他 Other	合计 Total	理学 Natural sciences	工学 Engineering	其他 Other
57		57		47		47	
				6	6		
4	4			4	2		2
				13	13		
				1		1	
3			3	8			8
19	11	8		21	3	14	4
4	4			4		4	
4	4			4		4	
17	9	8		19	5	14	
17	9	8		19	5	14	
205	106	95	4	149	55	89	5
65	53	12		27	15	12	
24	20		4	14	11		3
				25		25	
18		18		28		28	
65		65		24		24	

招生单位 Institution	录取研究生 Enrollment in 2004			在学研究生 At school		
	合计 Total	博士 Ph.D.	硕士 MS	合计 Total	博士 Ph.D.	硕士 MS
海洋研究所 Inst. of Oceanology	157	77	80	429	208	221
吉林省 Jilin Province	561	265	296	1466	705	761
长春光学精密机械与物理研究所 Changchun Inst. of Optics, Fine Mechanics and Physics	300	130	170	703	303	400
长春应用化学研究所 Changchun Inst. of Applied Chemistry	201	100	101	606	313	293
东北地理与农业生态研究所 Northeast Inst. of Geography and Agricultural Ecology	60	35	25	157	89	68
上海市、福建省 Shanghai, Fujian Province	1526	684	842	4174	1903	2271
上海应用物理研究所 Shanghai Inst. of Applied Physics	111	50	61	262	116	146
上海天文台 Shanghai Observatory	35	8	27	120	36	84
上海硅酸盐研究所 Shanghai Inst. of Ceramics	110	55	55	335	178	157
上海有机化学研究所 Shanghai Inst. of Organic Chemistry	142	67	75	390	172	218
上海药物研究所 Shanghai Inst. of Materia Medica	142	52	90	368	172	196
上海生命科学研究院 Shanghai Institutes for Biological Sciences	440	209	231	1231	546	685
上海微系统与信息技术研究所 Shanghai Inst. of Microsystem and Information Technology	120	44	76	291	129	162
上海光学精密机械研究所 Shanghai Inst. of Optics and Fine Mechanics	158	80	78	479	255	224
上海技术物理研究所 Shanghai Inst. of Technical Physics	157	77	80	424	191	233
福建物质结构研究所 Fujian Inst. of Research on the Structure of Matter	111	42	69	274	108	166
江苏省 Jiangsu Province	179	81	98	469	213	256

授予博士学位 Doctor's degree				授予硕士学位 Master's degree			
合计 Total	理学 Natural sciences	工学 Engineering	其他 Other	合计 Total	理学 Natural sciences	工学 Engineering	其他 Other
33	33			31	29		2
120	85	35		76	49	26	1
50	29	21		48	21	26	1
54	54			18	18		
16	2	14		10	10		
322	224	98		135	67	68	
7	7			7	3	4	
9	9			8	8		
26		26		9	9		
50	50			8	8		
30	30			6	6		
92	92			17	15	2	
29		29		16		16	
39	9	30		17	5	12	
23	10	13		34	1	33	
17	17			13	12	1	
36	15		21	55	37		18

招生单位 Institution	录取研究生 Enrollment in 2004			在学研究生 At school		
	合计 Total	博士 Ph.D.	硕士 MS	合计 Total	博士 Ph.D.	硕士 MS
紫金山天文台 Purple Mountain Observatory	32	9	23	84	24	60
南京地理与湖泊研究所 Nanjing Inst. of Geography and Limnology	46	26	20	116	69	47
南京地质古生物研究所 Nanjing Inst. of Geology and Palaeontology	19	7	12	59	29	30
南京土壤研究所 Nanjing Inst. of Soil Science	79	39	40	193	90	103
南京中科天文仪器有限公司 CAS Nanjing Astronomic Instrument Co., Ltd.	3		3	17	1	16
安徽省 Anhui Province	2667	794	1873	7275	2156	5119
合肥物质科学研究院 Hefei Institutes of Physical Sciences	299	135	164	942	394	548
中国科学技术大学 University of Science and Technology of China	2368	659	1709	6333	1762	4571
湖北省 、湖南省 Hubei and Hunan provinces	460	206	254	1166	494	672
武汉物理与数学研究所 Wuhan Inst. of Physics and Mathematics	90	39	51	240	105	135
武汉岩土力学研究所 Wuhan Inst. of Rock and Soil Mechanics	60	35	25	150	77	73
测量与地球物理研究所 Inst. of Geodesy and Geophysics	27	9	18	76	26	50
武汉植物园 Wuhan Botanical Garden	38	14	24	97	30	67
水生生物研究所 Inst. of Hydrobiology	140	66	74	365	179	186
武汉病毒研究所 Wuhan Inst. of Virology	75	33	42	173	67	106
亚热带农业生态研究所 Inst. of Subtropical Agriculture	30	10	20	65	10	55
广东省 Guangdong Province	425	219	206	1145	551	594

续表 7-3

授予博士学位 Doctor's degree				授予硕士学位 Master's degree			
合计 Total	理学 Natural sciences	工学 Engineering	其他 Other	合计 Total	理学 Natural sciences	工学 Engineering	其他 Other
2	2			11	11		
9	9			8	8		
4	4			10	10		
21			21	24	6		18
				2	2		
392	215	151	26	1107	211	331	565
60	46	14		102	66	36	
332	169	137	26	1005	145	295	565
73	58	15		77	62	15	
15	15			9	9		
13		13		11		11	
5	3	2		13	9	4	
				13	13		
39	39			4	4		
1	1			19	19		
				8	8		
66	64	2		75	45	30	

招生单位 Institution	录取研究生 Enrollment in 2004			在学研究生 At school		
	合计 Total	博士 Ph.D.	硕士 MS	合计 Total	博士 Ph.D.	硕士 MS
中科院广州化学有限公司 CAS Guangzhou Chemistry Co., Ltd.	29	9	20	109	27	82
广州地球化学研究所 Guangzhou Inst. of Geochemistry	212	136	76	525	328	197
南海海洋研究所 South China Sea Inst. of Oceanology	90	42	48	228	106	122
华南植物园 South China Botanical Garden	61	29	32	195	87	108
广州能源研究所 Guangzhou Inst. of Energy Conversion	33	3	30	88	3	85
四川省 Sichuan Province	303	137	166	819	337	482
中国科学院成都有机化学有限公司 CAS Chengdu Organic Chemistry Co., Ltd.	61	31	30	177	87	90
成都山地灾害与环境研究所 Chengdu Inst. of Mountain Hazards and Environment	57	30	27	144	72	72
成都生物研究所 Chengdu Inst. of Biology	72	37	35	177	67	110
四川中科院信息技术有限公司 CAS Sichuan Information Technology Co., Ltd.	26	7	19	83	33	50
光电技术研究所 Inst. of Optics and Electronics	87	32	55	238	78	160
云南省、贵州省 Yunnan and Guizhou provinces	288	122	166	743	302	441
昆明植物研究所 Kunming Inst. of Botany	79	37	42	209	93	116
西双版纳热带植物园 Xishuangbanna Tropical Botanical Garden	56	16	40	133	25	108
昆明动物研究所 Kunming Inst. of Zoology	66	32	34	172	80	92
地球化学研究所 Inst. of Geochemistry	87	37	50	229	104	125
陕西省 Shaanxi Province	191	66	125	533	185	348

续表 7-3

授予博士学位 Doctor's degree				授予硕士学位 Master's degree			
合 计 Total	理 学 Natural sciences	工 学 Engineering	其 他 Other	合 计 Total	理 学 Natural sciences	工 学 Engineering	其 他 Other
34	32	2		33	24	9	
10	10			11	6	5	
22	22			15	15		
				16		16	
35	29	6		103	58	43	2
16	16			15	13	2	
13	13			12	10		2
				33	33		
2		2		10		10	
4		4		33	2	31	
56	43	13		34	34		
13	13			13	13		
				10	10		
15	15			3	3		
28	15	13		8	8		
22	15	7		41	13	28	

招生单位 Institution	录取研究生 Enrollment in 2004			在学研究生 At school		
	合计 Total	博士 Ph.D.	硕士 MS	合计 Total	博士 Ph.D.	硕士 MS
国家授时中心 National Time Service Center	17	5	12	42	10	32
水土保持与生态环境研究中心 Research Center of Soil of Water Conservation and Eco-Environmental Scienes	41	19	22	104	50	54
西安光学精密机械研究所 Xi'an Inst. of Optics and Fine Mechanics	110	35	75	312	97	215
地球环境研究所 Inst. of Earth Environment	23	7	16	75	28	47
甘肃省、青海省 Gansu and Qinghai provinces	374	174	200	1026	467	559
近代物理研究所 Inst. of Modern Physics	60	20	40	163	58	105
兰州化学物理研究所 Lanzhou Inst. of Chemical Physics	99	58	41	292	166	126
兰州地质研究所 Lanzhou Inst. of Geology	16	6	10	47	18	29
青海盐湖研究所 Qinghai Inst. of Saline Lakes	32	8	24	89	22	67
西北高原生物研究所 Northwest Inst. of Plateau Biology	39	14	25	103	28	75
寒区旱区环境与工程研究所 Cold and Arid Regions Environmental and Engineering Research Inst.	128	68	60	332	175	157
新疆维吾尔自治区 Xinjiang Uygur Autonomous Region	126	31	95	284	42	242
新疆理化技术研究所 Xinjiang Technical Inst. of Physics and Chemistry	34		34	100		100
新疆生态与地理研究所 Xinjiang Inst. of Ecology and Geography	92	31	61	184	42	142

续表 7-3

授予博士学位 Doctor's degree				授予硕士学位 Master's degree			
合计 Total	理学 Natural sciences	工学 Engineering	其他 Other	合计 Total	理学 Natural sciences	工学 Engineering	其他 Other
2	2			2	2		
15	8	7		36	8	28	
5	5			3	3		
79	74	5		91	86	5	
9	5	4		10	9	1	
37	37			24	20	4	
3	2	1		11	11		
3	3			12	12		
2	2			17	17		
25	25			17	17		
				41	28	9	4
				14	5	9	
				27	23		4

7-4 中国科学院院长奖学金获奖情况
Statistics of CAS President's Scholarship

单位：人 (person)

年 份 Year	获特别奖人数 Number of special awards	获优秀奖人数 Number of excellence awards
1989	8	136
1990	10	145
1991	10	142
1992	9	154
1993	10	154
1994	15	151
1995	16	152
1996	20	150
1997	20	149
1998	20	150
1999	20	150
2000	20	149
2001	19	151
2002	20	150
2003	20	200
2004	20	199

7-5 博士后流动站情况(2004年)
Post-doctoral Researchers Centers: 2004

建站单位 Institutions	在站博士后人数 Number of persons at Post-doctoral Researchers center	其中:外籍博士后在站人数 Of which: number of Post-doctors with foreign citizenship	当年进站博士后人数 Number of Post-doctors enrolled in 2004	当年出站博士后人数 Number of post-doctors graduated form centers
总 计 Total	**1450**	**16**	**629**	**489**
北京市 Beijing	703	5	299	277
数学与系统科学研究院 Academy of Mathematics & Systems Science	53		25	30
物理研究所 Inst. of Physics	24		11	23
声学研究所 Inst. of Acoustics	19		11	5
理论物理研究所 Inst. of Theoretical Physics	21	1	10	12
高能物理研究所 Inst. of High Energy Physics	36		13	13
国家天文台 National Astronomical Observatories of China	15		5	6
力学研究所 Inst. of Mechanics	19		9	8
化学研究所 Inst. of Chemistry	30		13	14
理化技术研究所 Technical Inst. of Physics and Chemistry	8		6	8
生态环境研究中心 Research Center for Eco-Environmental Sciences	18		10	4
过程工程研究所 Inst. of Process Engineering	10		3	7
地理科学与资源研究所 Inst. of Geographical Sciences and Natural Resources Research	78		34	25
遥感应用研究所 Inst. of Remote Sensing Application	10		5	7
地质与地球物理研究所 Inst. of Geology and Geophysics	54	2	16	10
古脊椎动物与古人类研究所 Inst. of Vertebrate Paleontology and Paleoanthropology	2		1	1
大气物理研究所 Inst. of Atmospheric Physics	21	1	9	9

续表 7-5

建站单位 Institutions	在站博士后人数 Number of persons at Post-doctoral Researchers center	其中:外籍博士后在站人数 Of which: number of Post-doctors with foreign citizenship	当年进站博士后人数 Number of Post-doctors enrolled in 2004	当年出站博士后人数 Number of post-doctors graduated form centers
植物研究所 Inst. of Botany	39		15	10
动物研究所 Inst. of Zoology	25	1	5	7
心理研究所 Inst. of Psychology	12		9	5
微生物研究所 Inst. of Microbiology	8		5	1
生物物理研究所 Inst. of Biophysics	14		7	3
遗传与发育生物学研究所 Inst. of Genetics and Developmental Biology	18		5	9
计算技术研究所 Inst. of Computing Technology	30		11	7
软件研究所 Inst. of Software	24		11	14
半导体研究所 Inst. of Semiconductors	19		9	9
电工研究所 Inst. of Electric Engineering	18		8	2
自动化研究所 Inst. of Automation	22		10	8
电子学研究所 Inst. of Electronics	10		1	3
工程热物理研究所 Inst. of Engineering Thermophysics	7		4	3
空间科学与应用研究中心 Center for Space Science and Applied Research	3		3	4
中国科学院研究生院 Graduate School of the Chinese Academy of Sciences	22		9	8
高等科学技术中心 China Center of Advanced Science and Technology	5		2	2
自然科学史研究所 Inst. of History of Natural Sciences	2		2	
微电子研究所 Inst. of Microelectronics	3			
科技政策与管理科学研究所 Inst. of Policy and Management	4		2	
山西省 Shanxi Province	2	1	1	1

续表 7-5

建站单位 Institutions	在站博士后人数 Number of persons at Post-doctoral Researchers center	其中:外籍博士后在站人数 Of which: number of Post-doctors with foreign citizenship	当年进站博士后人数 Number of Post-doctors enrolled in 2004	当年出站博士后人数 Number of post-doctors graduated form centers
山西煤炭化学研究所 Shanxi Inst. of Coal Chemistry	2	1	1	1
辽宁省、山东省 Liaoning and Shandong provinces	129	1	72	36
大连化学物理研究所 Dalian Inst. of Chemical Physics	42		25	10
沈阳应用生态研究所 Shenyang Inst. of Applied Ecology	15	1	5	3
金属研究所 Inst. of Metals Research	38		21	17
沈阳自动化研究所 Shenyang Inst. of Automation	9		6	4
海洋研究所 Inst. of Oceanology	25		15	2
吉林省 Jilin Province	82		34	13
长春应用化学研究所 Changchun Inst. of Applied Chemistry	30		13	1
长春光学精密机械与物理研究所 Changchun Inst. of Optics, Fine Mechanics and Physics	43		19	12
东北地理与农业生态研究所 Northeast Inst. of Geography and Agricultural Ecology	9		2	
上海市、福建省 Shanghai, Fujian Province	163	2	74	63
上海应用物理研究所 Shanghai Inst. of Applied Physics	5		1	3
上海天文台 Shanghai Observatory	5	1	2	4
上海硅酸盐研究所 Shanghai Inst. of Ceramics	5		4	7
上海有机化学研究所 Shanghai Inst. of Organic Chemistry	24		14	8
上海药物研究所 Shanghai Inst. of Materia Medica	30		12	14
上海生命科学研究院 Shanghai Institutes for Biological Sciences	45	1	24	15
上海微系统与信息技术研究所 Shanghai Inst. of Microsystem and Information Technology	15		7	4
上海光学精密机械研究所 Shanghai Inst. of Optics and Fine Mechanics	15		3	7

续表 7-5

建站单位 Institutions	在站博士后人数 Number of persons at Post-doctoral Researchers center	其中:外籍博士后在站人数 Of which: number of Post-doctors with foreign citizenship	当年进站博士后人数 Number of Post-doctors enrolled in 2004	当年出站博士后人数 Number of post-doctors graduated form centers
上海技术物理研究所 Shanghai Inst. of Technical Physics	12		3	1
福建物质结构研究所 Fujian Inst. of Research on the Structure of Matter	7		4	
江苏省 Jiangsu Province	19	1	8	40
紫金山天文台 Purple Mountain Observatory	6	1	1	1
南京地理与湖泊研究所 Nanjing Inst. of Geography and Limnology	5		1	15
南京地质古生物研究所 Nanjing Inst. of Geology and Palaeontology	5		2	3
南京土壤研究所 Nanjing Inst. of Soil Science	3		4	21
安徽省 Anhui Province	154		71	18
合肥物质科学研究院 Hefei Institutes of Physical Sciences	24		10	5
中国科学技术大学 University of Science and Technology of China	130		61	13
湖北省 Hubei Province	39	1	20	7
武汉物理与数学研究所 Wuhan Inst. of Physics and Mathematics	6		3	2
水生生物研究所 Inst. of Hydrobiology	16		11	3
测量与地球物理研究所 Inst. of Geodesy and Geophysics	3	1	1	2
武汉岩土力学研究所 Wuhan Inst. of Rock and Soil Mechanics	14		5	
广东省 Guangdong Province	59	2	16	12
广州地球化学研究所 Guangzhou Inst. of Geochemistry	55		12	12
南海海洋研究所 South China Sea Inst. of Oceanology	3	2	3	
华南植物园 South China Botanical Garden	1		1	
云南省、贵州省 Yunnan and Guizhou provinces	27	2	9	8

续表 7-5

建站单位 Institutions	在站博士后人数 Number of persons at Post-doctoral Researchers center	其中:外籍博士后在站人数 Of which: number of Post-doctors with foreign citizenship	当年进站博士后人数 Number of Post-doctors enrolled in 2004	当年出站博士后人数 Number of post-doctors graduated form centers
地球化学研究所 Inst. of Geochemistry	17		3	6
昆明植物研究所 Kunming Inst. of Botany	6		3	2
昆明动物研究所 Kunming Inst. of Zoology	2		1	
西双版纳热带植物园 Xishuangbanna Tropical Botanical Garden	2	2	2	
四川省 Sichuan Province	7		3	3
中国科学院成都有机化学有限公司 Chengdu CAS Organic Chemistry Co.,Ltd.	2		1	1
成都山地灾害与环境研究所 Chengdu Inst. of Mountain Hazards and Environment	1		1	
光电技术研究所 Inst. of Optics and Electronics	3			2
四川中科院信息技术有限公司 Sichuan Information Technology of the Chinese Academy of Sciences Co., Ltd.	1		1	
陕西省 Shaanxi Province	17		6	3
西安光学精密机械研究所 Xi’an Inst. of Optics and Fine Mechanics	8		3	1
水土保持与生态环境研究中心 Inst. of Soil & Water Conservation	6		2	
地球环境研究所 Inst. of Earth Environment	3		1	2
甘肃省、青海省 Gansu and Qinghai provinces	49	1	16	8
近代物理研究所 Inst. of Modern Physics	8	1	3	1
兰州化学物理研究所 Lanzhou Inst. of Chemical Physics	8		2	3
寒区旱区环境与工程研究所 Cold and Arid Regions Environmental and Engineering Research Institute	30		10	3
兰州地质研究所 Lanzhou Inst. of Geology				1
西北高原生物研究所 Northwest Inst. of Plateau Biology	3		1	

7-6 派往国外及香港地区留学人员情况

Statistics of Students and Visiting Scholars Sent Abroad and to Hong Kong Region

单位: 人 (person)

年 份 Year	派出总人数 Total number of persons sent out	访问学者 Visiting scholars	研究生 Graduate students	回国人数 Number of people returned
1979	588	489	99	408
1980	651	520	131	517
1981	725	566	159	536
1982	520	395	125	186
1983	559	389	170	36
1984	435	325	110	549
1985	779	555	224	302
1986	919	504	415	317
1987	710	420	290	295
1988	591	373	218	214
1989	410	355	55	199
1990	360	325	35	70
1991	326	313	13	113
1992	389	366	23	226
1993	373	346	27	230
1994	409	378	31	347
1995	415	369	46	322
1996	357	308	49	293
1997	361	331	30	308
1998	432	383	49	543
1999	378	340	38	464
2000	528	447	81	492
2001	401	307	94	360
2002	412	315	97	330
2003	427	351	76	329
2004	313	252	61	298

7-7 派往国外及香港地区留学人员情况(2004 年)

Statistics of Students and Visiting Scholars Sent Abroad and to Hong Kong Region: 2004

单位：人 (person)

派往国家和地区 Country and region	当年派出人数 Number of people sent out in current year			年龄组 Age group			研究课题性质 Field of study		
	总计 Total	访问学者 Visiting scholars	研究生 Graduate students	30 岁以下 Under 30	30~40 岁 30~40	40 岁以上 Over 40	基础 Basic	应用 Applied	其他 Others
合计 Total	**313**	**252**	**61**	**54**	**194**	**65**	**197**	**90**	**26**
美国 USA	81	71	10	3	58	20	55	18	8
加拿大 Canada	15	13	2	1	11	3	9	4	2
英国 UK	60	57	3	2	39	19	32	18	10
法国 France	13	10	3	1	10	2	8	4	1
德国 Germany	22	19	3	2	18	2	15	4	3
日本 Japan	15	12	3	3	9	3	7	7	1
澳大利亚 Australia	28	24	4	3	21	4	21	6	1
奥地利 Austria	1	1			1		1		
荷兰 Netherlands	2	2			2		1	1	
瑞典 Sweden	4	4		2	1	1	3	1	
意大利 Italy	3	2	1	2	1		2	1	
香港 Hong Kong, China	45	22	23	25	12	8	24	21	
韩国 Republic of Korea	2	1	1	1	1		1	1	
俄罗斯 Russia	8	3	5	4	4		7	1	
新加坡 Singapore	3	2	1	1	2		2	1	
其他 Others	11	9	2	4	4	3	9	2	

7-8 职工继续教育

Statistics of Staff Continued Training and

单位: 人次

单 位 Unit	总 计 Total	技能培训 Skill training		科技知识 S&T knowledge			
		外语培训 Foreign language	计算机培训 Computer	专业高级研讨班 S&T seminar	学术会议 Academic meeting	科技讲座 S&T lecture	国内地区进修 Inland advanced study
合 计 Total	**167656**	**2909**	**3841**	**12476**	**26185**	**55232**	**1031**
一、地区培训 By region							
北京地区 Beijing region	48369	462	1481	7967	11412	18579	495
沈阳地区 Shenyang region	12481	55	86	679	1816	6673	64
长春地区 Changchun region	9134	249	427	364	454	4394	50
上海地区 Shanghai region	6448	125	77	946	1203	2115	48
南京地区 Nanjing region	8434	27	38	560	1103	2490	27
合肥地区 Hefei region	7257	36	49	146	3602	2000	
武汉地区 Wuhan region	14152	16	112	515	1860	6544	18
广州地区 Guangzhou region	10152	43	52	204	807	3424	75

和社会培训情况(2004 年)

Personnel Trained for the Society: 2004

(person · time)

技术岗位培训 Technical training	管理干部培训 Training for adminis-trator	学历教育 Schooling education		境外培训 Oversea training	为社会培训 Trained for the society	其他培训 Other training
		在职攻读学位 Study for degrees at job	成人高教 Adult higher education			
8353	**7361**	**1559**	**4294**	**837**	**36699**	**6879**
1924	1504	324		225	2533	1463
1008	301	101		56	234	1408
1250	469	116		68	211	1082
512	472	171		120	79	580
430	351	45		10	3000	353
584	585	64		2	7	182
142	547	58		41	4243	56
596	413	141		49	3999	349

单 位 Unit	总 计 Total	技能培训 Skill training		科技知识 S&T knowledge			
		外语培训 Foreign language	计算机培训 Computer	专业高级研讨班 S&T seminar	学术会议 Academic meeting	科技讲座 S&T lecture	国内地区进修 Inland advanced study
成都地区 Chengdu region	3640	128	54	264	471	839	63
昆明地区 Kunming region	4644	18	259	90	1038	2110	35
西安地区 Xi'an region	5918	1016	516	161	200	641	10
兰州地区 Lanzhou region	20706	29	215	271	966	2560	80
新疆地区 Xinjiang region	5070	10	95	128	998	569	48
其他地区 Other region	918		10	16	40	609	
二、院校培训 By College							
中国科学院研究生院 Graduate School of the Chinese Academy of Sciences	4074	650	220	90	215	1655	18
中国科学技术大学 University of Science and Technology of China	3744	45	150	75		30	
管理干部学院 Beijing Institutes of Management	2515						

续表 7-8

技术岗位培训 Technical training	管理干部培训 Training for adminis-trator	学历教育 Schooling education		境外培训 Oversea training	为社会培训 Trained for the society	其他培训 Other training
		在职攻读学位 Study for degrees at job	成人高教 Adult higher education			
420	293	145		18	762	183
330	173	53		24	172	342
355	739	80		26	1515	659
475	249	197		64	15518	82
107	96	37		117	2750	115
170	30	11		7		25
50	200	16		10	950	
	150		2568		726	
	789		1726			

7-9 中国科学院“百人计划”招聘情况

Young Scholars Selected into CAS Hundred Talents Program

年 份 Year	招聘人数 Number of scholars selected	招聘类别 Types for selection		
		国内“百人计划” Domestic “Hundred Talents Program”	引进国外杰出人才 Bring in outstanding talents from abroad	海外知名学者 Introduce overseas celebrated scholars
合计 Total	**1167**	**251**	**805**	**111**
1994	14	14		
1995	20	20		
1996	28	28		
1997	88	69	19	
1998	104	32	72	
1999	115	13	102	
2000	203	13	190	
2001	133	11	105	17
2002	134	23	86	25
2003	92	9	75	8
2004	236	19	156	61

注:“百人计划”是我院引进优秀人才计划的总称，从 1997 年起，它分为“引进国外杰出人才”计划和国内“百人计划”两部分；从 2001 年起，增设“海外知名学者”计划。

Note: “Hundred Talents Program” is a general term for the program of introducing excellent talents to CAS. Since 1997, the “Hundred Talents Program” has been expanded to be two programs: “Bring in Outstanding Talents from Abroad” and “Domestic Hundred Talents Program”. From 2001, another program of “Introduce Overseas Celebrated Sholars” has been established.

7-10 中国科学院“百人计划”各单位招聘情况

Young Scholars Selected into CAS Hundred Talents Program, by Institution

单位 Unit	招聘人数 Introduced talents
总计 Total	**1167**
北京市 Beijing	505
数学与系统科学研究院 Academy of Mathematics & Systems Science	33
物理研究所 Inst. of Physics	50
声学研究所 Inst. of Acoustics	9
理论物理研究所 Inst. of Theoretical Physics	17
理化技术研究所 Technical Inst. of Physics and Chemistry	18
高能物理研究所 Inst. of High Energy Physics	17
国家天文台 National Astronomical Observatories of China	16
力学研究所 Inst. of Mechanics	12
化学研究所 Inst. of Chemistry	50
生态环境研究中心 Research Center for Eco-Environmental Sciences	11
国家纳米科学中心 National Center for Nano Science and Technology of China	2
过程工程研究所 Inst. of Process Engineering	19
地理科学与资源研究所 Inst. of Geographic Sciences and Natural Resources Research	9
青藏高原研究所 Inst.of Qinghai-Tibet Plateau	3
地质与地球物理研究所 Inst. of Geology and Geophysics	22
古脊椎动物与古人类研究所 Inst. of Vertebrate Paleontology and Paleoanthropology	2

续表 7-10

单 位 Unit	招聘人数 Introduced talents
大气物理研究所 Inst. of Atmospheric Physics	16
遥感应用研究所 Inst. of Remote Sensing Application	5
植物研究所 Inst. of Botany	19
动物研究所 Inst. of Zoology	14
心理研究所 Inst. of Psychology	2
微生物研究所 Inst. of Microbiology	18
生物物理研究所 Inst. of Biophysics	12
遗传与发育生物学研究所 Inst. of Genetics and Developmental Biology	28
北京基因组研究所 Beijing Genomics Inst.	6
计算技术研究所 Inst. of Computing Technology	9
软件研究所 Inst. of Software	8
半导体研究所 Inst. of Semiconductors	11
微电子研究所 Inst. of Microelectronics	4
电子学研究所 Inst. of Electronics	6
电工研究所 Inst. of Electric Engineering	5
工程热物理研究所 Inst. of Engineering Thermophysics	9
空间科学与应用研究中心 Center for Space Science and Applied Research	11
自动化研究所 Inst. of Automation	8
自然科学史研究所 Inst. of History of Natural Sciences	2

单　位 Unit	招聘人数 Introduced talents
中国科学院研究生院 Graduate School of the Chinese Academy of Sciences	22
山西省 Shanxi Province	8
山西煤炭化学研究所 Shanxi Inst. of Coal Chemistry	8
辽宁省、山东省 Liaoning and Shandong provinces	99
大连化学物理研究所 Dalian Inst. of Chemical Physics	35
沈阳应用生态研究所 Shenyang Inst. of Applied Ecology	11
沈阳自动化研究所 Shenyang Inst. of Automation	6
金属研究所 Inst. of Metals Research	35
海洋研究所 Inst. of Oceanology	12
吉林省 Jilin Province	40
长春应用化学研究所 Changchun Inst. of Applied Chemistry	22
东北地理与农业生态研究所 Northeast Inst. of Geography and Agricultural Ecology	8
长春光学精密机械与物理研究所 Changchun Inst. of Optics，Fine Mechanics and Physics	10
上海市、福建省 Shanghai,Fujian Province	202
上海应用物理研究所 Shanghai Inst. of Applied Physics	6
上海天文台 Shanghai Observatory	5
上海硅酸盐研究所 Shanghai Inst. of Ceramics	21
上海有机化学研究所 Shanghai Inst. of Organic Chemistry	31
上海生命科学研究院 Shanghai Institutes for Biological Sciences	86
上海微系统与信息技术研究所 Shanghai Inst. of Microsystem and Information Technology	14

续表 7-10

单 位 Unit	招聘人数 Introduced talents
上海光学精密机械研究所 Shanghai Inst. of Optics and Fine Mechanics	18
上海技术物理研究所 Shanghai Inst. of Technical Physics	5
福建物质结构研究所 Fujian Inst. of Research on the Structure of Matter	16
江苏省 Jiangsu Province	19
紫金山天文台 Purple Mountain Observatory	4
南京地理与湖泊研究所 Nanjing Inst. of Geography and Limnology	5
南京地质古生物研究所 Nanjing Inst. of Geology and Palaeontology	7
南京土壤研究所 Nanjing Inst. of Soil Science	3
安徽省 Anhui Province	101
合肥智能机械研究所 Hefei Inst. of Intelligent Machines	4
合肥物质科学研究院 Hefei Institutes of Physical Sciences	25
中国科学技术大学 University of Science and Technology of China	72
湖北省、湖南省 Hubei and Hunan provinces	40
武汉物理与数学研究所 Wuhan Inst. of Physics and Mathematics	17
武汉岩土力学研究所 Wuhan Inst. of Rock and Soil Mechanics	3
武汉植物园 Wuhan Botanical Garden	4
水生生物研究所 Inst. of Hydrobiology	8
武汉病毒研究所 Wuhan Inst. of Virology	4
测量与地球物理研究所 Inst.of Geodesy and Geophysics	1

单 位 Unit	招聘人数 Introduced talents
亚热带农业生态研究所 Inst. Of Subtropical Agriculture	3
广东省 Guangdong Province	36
广州地球化学研究所 Guangzhou Inst. of Geochemistry	8
南海海洋研究所 South China Sea Inst. of Oceanology	12
华南植物园 South China Botanical Garden	4
广州能源研究所 Guangzhou Inst. of Energy Conversion	10
中科院广州化学有限公司 CAS Guangzhou Chemistry Co., Ltd.	2
四川省 Sichuan Province	25
成都山地灾害与环境研究所 Chengdu Inst. of Mountain Hazards and Environment	5
成都生物研究所 Chengdu Inst. of Biology	5
光电技术研究所 Inst. of Optics and Electronics	8
成都文献情报中心 Chengdu Documentation and Information Center	1
四川中科院信息技术有限公司 CAS Sichuan Information Technology Co., Ltd.	1
中国科学院成都有机化学有限公司 CAS Chengdu Organic Chemistry Co., Ltd.	5
云南省、贵州省 Yunnan and Guizhou provinces	25
昆明植物研究所 Kunming Inst. of Botany	6
西双版纳热带植物园 Xishuangbanna Tropical Botanical Garden	5
昆明动物研究所 Kunming Inst. of Zoology	5
地球化学研究所 Inst. of Geochemistry	9

续表 7-10

单 位 Unit	招聘人数 Introduced talents
陕西省 Shaanxi Province	18
西安光学精密机械研究所 Xi'an Inst. of Optics and Fine Mechanics	8
地球环境研究所 Inst. of Earth Environment	3
水土保持与生态环境研究中心 Research Center of Soil of Water Conservation and Eco-Environmental Sciences	7
甘肃省、青海省 Gansu and Qinghai provinces	45
近代物理研究所 Inst. of Modern Physics	12
兰州化学物理研究所 Lanzhou Inst. of Chemical Physics	12
寒区旱区环境与工程研究所 Cold and Arid Regions Environmental and Engineering Research Inst.	15
兰州地质研究所 Lanzhou Inst. of Geology	2
青海盐湖研究所 Qinghai Inst. of Saline Lakes	2
西北高原生物研究所 Northwest Inst. of Plateau Biology	2
新疆维吾尔自治区 Xinjiang Uygur Autonomous Region	4
新疆理化技术研究所 Xinjiang Technical Inst. of Physics and Chemistry	2
新疆生态与地理研究所 Xinjiang Inst. of Ecology and Geography	2

八、专利、科技论文、获奖成果

PATENTS, S&T PAPERS AND AWARD-WINNING ACHIEVEMENTS

8-1 专利申请受理量及授权量

Number of Patents Applied and Granted

单位：件 (item)

年份 Year	申请量 Applied				授权量 Granted			
	合计 Total	发明 Invention	实用新型 Utility model	外观设计 Exterior design	合计 Total	发明 Invention	实用新型 Utility model	外观设计 Exterior design
1985~1990	1607	988	619		790	371	419	
1991	298	190	107	1	168	89	79	
1992	367	228	139		212	105	107	
1993	414	262	150	2	255	104	150	1
1994	453	269	182	2	197	81	112	4
1995	499	301	195	3	224	86	137	1
1996	791	467	318	6	192	86	105	1
1997	945	589	333	23	257	93	160	4
1998	1059	694	346	19	264	76	176	12
1999	1127	775	340	12	472	108	360	4
2000	1701	1218	468	15	802	442	352	8
2001	2010	1526	477	7	920	455	453	12
2002	2523	2002	502	19	1001	583	413	5
2003	3210	2617	578	15	1522	1055	450	17
2004	3546	2944	567	35	2034	1484	521	29

注: 1. 表中申请量和授权量均为国内申请量和国内授权量。

Note: The numbers of patents applied and granted in the table are the number of patents domestically applied and granted.

2. 2004 年国外专利申请 49 件，国外专利申请授权 14 件。

In 2004, 49 patents were applied overseas, of which 14 patents were granted.

8-2 专利申请受理量及授权量(2004 年，按申请量排序)

Number of Patents Applied and Granted: 2004
(By the order of number of patents applied)

单位: 件 (item)

机构名称 Institution	申请量 Applied				授权量 Granted			
	合计 Total	发 明 Invention	实用新型 Utility model	外观设计 Exterior design	合计 Total	发 明 Invention	实用新型 Utility model	外观设计 Exterior design
总计 Total	**3546**	**2944**	**567**	**35**	**2034**	**1484**	**521**	**29**
上海光学精密机械研究所 Shanghai Inst. of Optics and Fine Mechanics	320	263	57		141	61	80	
大连化学物理研究所 Dalian Inst. of Chemical Physics	198	184	14		129	123	6	
半导体研究所 Inst. of Semiconductors	150	136	7	7	24	18	6	
金属研究所 Inst. of Metals Research	144	115	27	2	118	96	19	3
长春光学精密机械与物理研究所 Changchun Inst. of Optics, Fine Mechanics and Physics	136	101	34	1	78	55	22	1
计算技术研究所 Inst. of Computing Technology	123	123			14	13	1	
化学研究所 Inst. of Chemistry	99	99			85	85		
长春应用化学研究所 Changchun Inst. of Applied Chemistry	96	91	5		103	102	1	
上海生命科学研究院 Shanghai Institutes for Biological Sciences	87	87			43	43		
自动化研究所 Inst. of Automation	86	52	31	3	24	11	12	1
物理研究所 Inst. of Physics	78	72	6		32	25	7	
中国科学技术大学 University of Science and Technology of China	77	62	15		61	39	22	

续表 8-2

机构名称 Institution	申请量 Applied				授权量 Granted			
	合计 Total	发 明 Invention	实用新型 Utility model	外观设计 Exterior design	合计 Total	发 明 Invention	实用新型 Utility model	外观设计 Exterior design
理化技术研究所 Technical Inst. of Physics and Chemistry	75	65	10		39	29	10	
沈阳自动化研究所 Shenyang Inst. of Automation	75	44	29	2	28	4	24	
海洋研究所 Inst. of Oceanology	74	64	10		27	18	9	
过程工程研究所 Inst. of Processing Engineering	73	69	4		45	40	5	
生态环境研究中心 Research Center for Eco-Environmental Sciences	73	69	4		39	39		
上海硅酸盐研究所 Shanghai Inst. of Ceramics	71	68	3		45	42	3	
兰州化学物理研究所 Lanzhou Inst. of Chemical Physics	71	71			26	26		
力学研究所 Inst. of Mechanics	70	46	24		52	18	34	
合肥物质科学研究院 Hefei Institutes of Physical Sciences	70	46	24		37	6	31	
山西煤炭化学研究所 Shanxi Inst. of Coal Chemistry	65	63	2		97	97		
上海微系统与信息技术研究所 Inst. of Microsystem and Information Technology	64	63	1		31	29	2	
电工研究所 Inst. of Electric Engineering	60	44	16		15	2	13	
上海技术物理研究所 Shanghai Inst. of Technical Physics	58	43	15		32	19	13	
声学研究所 Inst. of Acoustics	51	45	6		20	10	10	
光电技术研究所 Inst. of Optics and Electronics	51	44	7		15	9	6	

机构名称 Institution	申请量 Applied				授权量 Granted			
	合计 Total	发 明 Invention	实用新型 Utility model	外观设计 Exterior design	合计 Total	发 明 Invention	实用新型 Utility model	外观设计 Exterior design
上海有机化学研究所 Shanghai Inst. of Organic Chemistry	49	49			62	62		
沈阳中科仪技术发展有限责任公司 CAS Shenyang Scientific Technology Development Co., Ltd.	47	5	39	3	43	3	37	3
沈阳应用生态研究所 Shenyang Inst. of Applied Ecology	47	45	2		12	8	4	
西安光学精密机械研究所 Xi'an Inst. of Optics and Fine Mechanics	46	21	25		31	7	24	
广州能源研究所 Guangzhou Inst. of Energy Conversion	38	30	8		15	11	4	
电子学研究所 Inst. of Electronics	37	35	1	1	21	15	5	1
福建物质结构研究所 Fujian Inst. of Research on the Structure of Matter	37	33	4		10	8	2	
中科院广州化学有限公司 CAS Guangzhou Chemistry Co., Ltd.	35	33	2		39	38	1	
微电子研究所 Inst. of Microelectronics	33	29	4		6	5	1	
遗传与发育生物学研究所 Inst. of Genetics and Developmental Biology	30	23	7		37	22	15	
中国科学院成都有机化学有限公司 CAS Chengdu Organic Chemistry Co., Ltd.	30	28	2		15	15		
工程热物理研究所 Inst. of Engineering Thermophysics	30	19	11		8	3	5	
武汉植物研究所 Wuhan Inst. of Botany	29	29			11	10	1	
植物研究所 Inst. of Botany	27	26	1		8	8		
水生生物研究所 Inst. of Hydrobiology	25	24	1		17	15	2	

机构名称 Institution	申请量 Applied				授权量 Granted			
	合计 Total	发明 Invention	实用新型 Utility model	外观设计 Exterior design	合计 Total	发明 Invention	实用新型 Utility model	外观设计 Exterior design
上海应用物理研究所 Shanghai Inst. of Applied Physics	25	19	6		10	8	2	
南京地理与湖泊研究所 Nanjing Inst. of Geography and Limnology	25	17	8		6	3	1	2
新疆理化技术研究所 Xinjiang Technical Inst. of Physics and Chemistry	22	20	2		13	12	1	
东北地理与农业生态研究所 Northeast Inst. of Geography and Agricultural Ecology	21	19	2		7	4	3	
动物研究所 Inst. of Zoology	19	14	2	3	9	5	1	3
空间科学与应用研究中心 Center for Space Science and Applied Research	18	11	7		9	5	4	
微生物研究所 Inst. of Microbiology	16	16			27	27		
寒区旱区环境工程研究所 Cold and Arid Regions Environmental and Engineering Research Institute	16	7	9		18	1	17	
武汉物理与数学研究所 Wuhan Inst. of Physics and Mathematics	16	9	7		11	5	6	
武汉岩土力学研究所 Wuhan Inst. of Rock and Soil Mechanics	16	8	8		6	2	4	
武汉病毒研究所 Wuhan Inst. of Virology	14	7		7	28	18		10
昆明植物研究所 Kunming Inst. of Botany	14	14			17	17		
生物物理研究所 Inst. of Biophysics	14	9	5		11	4	7	
合肥智能机械研究所 Hefei Inst. of Intelligent Machines	14	9	2	3	6	2	2	2
南海海洋研究所 South China Sea Inst. of Oceanology	13	10	3		8	8		

续表 8-2

机构名称 Institution	申请量 Applied				授权量 Granted			
	合计 Total	发 明 Invention	实用新型 Utility model	外观设计 Exterior design	合计 Total	发 明 Invention	实用新型 Utility model	外观设计 Exterior design
软件研究所 Inst. of Software	13	13			1	1		
成都生物研究所 Chengdu Inst. of Biology	12	12			9	8	1	
水土保持与生态环境研究中心 Research Center of Soil & Water Conservation and Eco-Environmental Sciences	11	2	9		9	1	8	
南京土壤研究所 Nanjing Inst. of Soil Science	11	4	7		8	6	2	
国家天文台 National Astronomical Observatories of China	10	7	3		3	1	2	
新疆生态与地理研究所 Xinjiang Inst. of Ecology and Geography	9	2	7		2	1	1	
中国科学院研究生院 Graduate School of the Chinese Academy of Sciences	9	8	1					
地质与地球物理研究所 Inst. of Geology and Geophysics	8	7	1		3	3		
广州地球化学研究所 Guangzhou Inst. of Geochemistry	7	3	4		13	10	3	
华南植物园 South China Botanical Garden	7	7			5	5		
大气物理研究所 Inst. of Atmospheric Physics	6	5	1		4	3	1	
西双版纳热带植物园 Xishuangbanna Tropical Botanical Garden	6	4		2	4	2		2
心理研究所 Inst. of Psychology	6	3	3		2		2	
计算机网络信息中心 Computer Network Information Center	5	4	1		2	2		

续表 8-2

机构名称 Institution	申请量 Applied				授权量 Granted			
	合计 Total	发明 Invention	实用新型 Utility model	外观设计 Exterior design	合计 Total	发明 Invention	实用新型 Utility model	外观设计 Exterior design
中科院广州电子有限公司 CAS Guangzhou Electronics Co., Ltd.	5	2	3		1		1	
昆明动物研究所 Kunming Inst. of Zoology	4	4			15	14	1	
近代物理研究所 Inst. of Modern Physics	4	1	3		8	3	5	
测量与地球物理研究所 Inst. of Geodesy and Geophysics	4	2	2		4	4		
紫金山天文台 Purple Mountain Observatory	3	2	1		3	3		
西北高原生物研究所 Northwest Inst. of Plateau Biology	2	2			3	3		
青海盐湖研究所 Qinghai Inst. of Saline Lakes	2	1	1					
四川中科院信息技术有限公司 CAS Sichuan Information Technology Co., Ltd.	2	1	1					
中国科学院沈阳计算技术研究所有限公司 CAS Shenyang Computing Technology Co., Ltd.	1			1	6		5	1
数学与系统科学研究院 Academy of Mathematics & Systems Science	1	1			1	1		
地理科学与资源研究所 Inst. of Geographic Sciences and Natural Resources Research					5	1	4	
地球化学研究所 Inst. of Geochemistry					2	2		

8-3 科技论文的发表及被引用情况

S&T Publications and Citations

年 份 Year	被国际上收录 (篇) Catalogued by major international indexes (article)	SCIE 论文 Catalogued by SCIE (article)	SCI 论文被引用 Cited internationally		国内刊物发表 (篇) Publications in domestic journals (article)
			篇 (article)	次 (times)	
1988	2212	1713			5458
1989	1740	1270			6099
1990	2097	1611	1568		6430
1991	2304	1690	1217	2440	6671
1992	2642	1724	1943	3898	7170
1993	3539	1877	2284	4393	6754
1994	4064	1993	2318	4286	7038
1995	4614	2276	2615	5033	7424
1996	4219	2224	2943	5727	7813
1997	5500	2926	3436	6724	8175
1998	5478	3277	3815	7534	8593
1999	8249	5376	4250	8582	9526
2000	9186	6063	5219	11046	10299
2001	10165	6725	6135	13658	11022
2002	11740	7611	7756	17624	11181
2003	14516	8632	9772	24746	12169

资料来源：中国科技信息研究所信息分析研究中心(表 8-3，8-4)。

Source: Center for Information Analysis, Institute of S&T Information of China (Table8-3 and 8-4).

注：1. 被国际收录的论文数据采集自美国的三种在国际上颇有影响的检索工具，即《科学引文索引》，《工程索引》和《科学技术会议索引》，国内论文数据直接取自选作统计源的国内科技期刊(2003 年为 1576 种)。

Note:Data in “Papers catalogued by major international indexes” are from SCI, EI and ISTP and data in “Publications in domestic journals” are selected directly from domestic S&T journals (1576 journals in 2003) which are taken as the source.

2. SCI 论文被引用情况是指 SCI 引文数据库前 5 年收录的论文情况在第六年被引用的统计，例，2003 年 SCI 被引用是指 1998~2002 年被收录的论文在 2003 年被引用的情况，2002 年 SCI 论文被引用情况是指 1997~2001 年被收录的论文在 2002 年被引用的情况。其他年份依次类推。

Citation in the sixth year of papers quoted guring the previous five years. For instance, citation in 2003 of papers quoted in 1998~2002, citation in 2002 of papers quoted in 1997~2001.

3.自 1999 年此表《SCI》论文检索数据源由光盘版改为扩展版《SCIE》。

Since 1999, SCI data in the table came from the compact instead of the SCIE.

8-4 科技论文的发表及被引用情况(2003 年)

S&T Publications and Citations: 2003

	被国际上收录(篇) Catalogued by major international indexes (article)	SCIE 论文 Catalogued by SCIE (article)	SCI 论文被引用 Cited internationally 篇 (article)	次 (times)	国内刊物发表(篇) Publications in domestic journals (article)
总 计 Total	**14516**	**8632**	**9772**	**24746**	**12169**
一、按学科分 By discipline					
数学 Mathematics	315	221	158	258	218
信息科学与系统科学 Information Science & Systems Science	117	35	26	65	316
力学 Mechanics	84	49	83	142	87
物理学 Physics	3269	1952	2707	6904	944
化学 Chemistry	3056	2177	2866	7861	1079
天文学 Astronomy	345	246	277	674	161
地球科学 Earth Sciences	912	695	510	1206	1314
生物学 Biology	1263	1119	1013	2625	1691
农学 Agronomy	103	85	44	83	971
林学 Forestry	2	1	3	6	115
基础医学 Basic Medical Science	122	83	138	401	133
药学 Pharmacy	107	107	149	307	88
材料科学 Material Science	1473	1059	1056	2581	151
能源科学技术 Energy Science & Technology	138	43	25	46	132

	被国际上收录（篇）Catalogued by major international indexes (article)	SCIE 论文 Catalogued by SCIE (article)	SCI 论文被引用 Cited internationally 篇 (article)	次 (times)	国内刊物发表（篇）Publications in domestic journals (article)
冶金、金属 Metallurgy & Metal	213	18	37	170	296
电子、通讯与自动控制技术 Electronics, Communication & Automation Control Technology	802	115	79	144	1153
计算机科学技术 Computer Science & Technology	407	115	22	39	794
化学工程 Chemical Engineering	703	161	192	397	342
环境科学技术 Environment Science & Technology	283	167	153	391	570
其他 Others	802	184	234	446	1614
二、按单位分 By unit					
(一) 事业单位 Institution					
北京市 Beijing	5888	3466	3841	9591	4438
数学与系统科学研究院 Academy of Mathematics & Systems Science	295	187	181	337	121
物理研究所 Inst. of Physics	840	476	787	2052	156
声学研究所 Inst. of Acoustics	40	10	8	13	62
理论物理研究所 Inst. of Theoretical Physics	94	76	156	462	17
理化技术研究所 Technical Inst. of Physics and Chemistry	155	89	144	342	84
高能物理研究所 Inst. of High Energy Physics	249	203	197	521	162
国家天文台 National Astronomical Observatories of China	256	154	243	556	123
力学研究所 Inst. of Mechanics	153	67	71	130	126

续表 8-4

	被国际上收录（篇）Catalogued by major international indexes (article)	SCIE 论文 Catalogued by SCIE (article)	SCI 论文被引用 Cited internationally 篇 (article)	次 (times)	国内刊物发表（篇）Publications in domestic journals (article)
化学研究所 Inst. of Chemistry	1014	575	702	1948	130
生态环境研究中心 Research Center for Eco-Environmental Sciences	295	193	192	471	244
国家纳米科学中心 National Center for Nano Science and Technology of China					1
过程工程研究所 Inst. of Process Engineering	150	85	88	150	118
地理科学与资源研究所 Inst. of Geographic Sciences and Natural Resources Research	93	53	32	49	454
青藏高原研究所 Inst. of Qinghai-Tibet Plateau	1	1			
地质与地球物理研究所 Inst. of Geology and Geophysics	240	181	169	431	257
古脊椎动物与古人类研究所 Inst. of Vertebrate Paleontology and Paleoanthropology	19	16	36	133	50
大气物理研究所 Inst. of Atmospheric Physics	120	89	35	71	162
遥感应用研究所 Inst. of Remote Sensing Application	53	14	3	5	142
植物研究所 Inst. of Botany	172	144	110	231	225
动物研究所 Inst. of Zoology	162	157	116	207	299
心理研究所 Inst. of Psychology	12	11	5	10	84
微生物研究所 Inst. of Microbiology	84	82	68	166	79
生物物理研究所 Inst. of Biophysics	161	140	184	387	26
遗传与发育生物学研究所 Inst. of Genetics and Developmental Biology	102	82	48	357	126

	被国际上收录(篇) Catalogued by major international indexes (article)		SCI 论文被引用 Cited internationally		国内刊物发表(篇) Publications in domestic journals (article)
		SCIE 论文 Catalogued by SCIE (article)	篇 (article)	次 (times)	
北京基因组研究所 Beijing Genomics Inst.	1	1			11
计算技术研究所 Inst. of Computing Technology	154	37	4	7	195
计算机网络信息中心 Computer Network Information Center	8	3			25
软件研究所 Inst. of Software	141	24	2	2	166
半导体研究所 Inst. of Semiconductors	331	140	200	444	135
微电子研究所 Inst. of Microelectronics	21	1	2	4	39
电子学研究所 Inst. of Electronics	35	8	2	3	80
光电研究院 Inst. of Optoelectronics					
电工研究所 Inst. of Electric Engineering	38	12	2	2	62
工程热物理研究所 Inst. of Engineering Thermophysics	33	12	10	14	60
空间科学与应用研究中心 Center for Space Science and Applied Research	76	39	12	19	53
自动化研究所 Inst. of Automation	192	49	5	8	144
中国遥感卫星地面站 China Remote Sensing Satellite Ground Station	2				2
自然科学史研究所 Inst. of History of Natural Sciences	1	1			1
科技政策与管理科学研究所 Inst. of Policy and Management	3	1			22
中国科学院研究生院 Graduate School of the Chinese Academy of Sciences	92	53	27	59	179
中国科学院文献情报中心 Library of Chinese Academy of Sciences					8

	被国际上收录（篇）Catalogued by major international indexes (article)	SCIE 论文 Catalogued by SCIE (article)	SCI 论文被引用 Cited internationally 篇 (article)	次 (times)	国内刊物发表（篇）Publications in domestic journals (article)
中国科学院本部 CAS Head Office					8
山西省 Shanxi Province	204	121	76	166	122
山西煤炭化学研究所 Shanxi Inst. of Coal Chemistry	204	121	76	166	122
辽宁省、山东省 Liaoning and Shandong provinces	1161	653	719	1905	1029
大连化学物理研究所 Dalian Inst. of Chemical Physics	387	246	343	878	200
沈阳应用生态研究所 Shenyang Inst. of Applied Ecology	46	30	9	11	240
沈阳自动化研究所 Shenyang Inst. of Automation	24	4			101
金属研究所 Inst. of Metals Research	624	315	344	983	280
海洋研究所 Inst. of Oceanology	80	58	23	33	208
沈阳分院 Shenyang Branch					
吉林省 Jilin Province	696	372	536	1242	540
长春应用化学研究所 Changchun Inst. of Applied Chemistry	531	315	470	1075	119
东北地理与农业生态研究所 Northeast Inst. of Geography and Agricultural Ecology	9	6	4	11	163
长春光学精密机械与物理研究所 Changchun Inst. of Optics，Fine Mechanics and Physics	156	51	62	156	258
上海市、福建省 Shanghai, Fujian Province	2444	1537	1942	5265	947
上海应用物理研究所 Shanghai Inst. of Applied Physics	66	50	81	134	81

续表 8-4

	被国际上收录(篇) Catalogued by major international indexes (article)	SCIE 论文 Catalogued by SCIE (article)	SCI 论文被引用 Cited internationally 篇 (article)	次 (times)	国内刊物发表(篇) Publications in domestic journals (article)
上海天文台 Shanghai Observatory	60	49	51	117	62
上海硅酸盐研究所 Shanghai Inst. of Ceramics	571	294	262	649	133
上海有机化学研究所 Shanghai Inst. of Organic Chemistry	326	256	564	1868	30
上海生命科学研究院 Shanghai Institutes for Biological Sciences	423	368	529	1429	226
上海微系统与信息技术研究所 Shanghai Inst. of Microsystem and Information Technology	101	82	137	253	96
上海光学精密机械研究所 Shanghai Inst. of Optics and Fine Mechanics	453	163	133	246	204
上海技术物理研究所 Shanghai Inst. of Technical Physics	111	55	43	103	51
福建物质结构研究所 Fujian Inst. of Research on the Structure of Matter	273	220	142	466	64
江苏省 Jiangsu Province	195	156	128	303	433
紫金山天文台 Purple Mountain Observatory	67	48	54	126	18
南京地理与湖泊研究所 Nanjing Inst. of Geography and Limnology	14	8	14	32	105
南京地质古生物研究所 Nanjing Inst. of Geology and Palaeontology	35	34	30	87	83
南京土壤研究所 Nanjing Inst. of Soil Science	79	66	30	58	227
南京分院 Nanjing Branch					
安徽省 Anhui Province	2294	1272	1604	4315	1709
合肥智能机械研究所 Hefei Inst. of Intelligent Machines	25	8	1	1	32

	被国际上收录(篇) Catalogued by major international indexes (article)	SCIE 论文 Catalogued by SCIE (article)	SCI 论文被引用 Cited internationally 篇 (article)	次 (times)	国内刊物发表(篇) Publications in domestic journals (article)
合肥物质科学研究院 Hefei Institutes of Physical Sciences	367	177	283	925	198
中国科学技术大学 University of Science and Technology of China	1902	1087	1320	3389	1479
湖北省、湖南省 Hubei and Hunan provinces	235	148	176	356	492
武汉物理与数学研究所 Wuhan Inst. of Physics and Mathematics	96	65	83	174	54
武汉岩土力学研究所 Wuhan Inst. of Rock and Soil Mechanics	42	4	2	3	95
测量与地球物理研究所 Inst. of Geodesy and Geophysics	9	9	8	8	68
武汉植物园 Wuhan Botanical Garden	9	2			50
水生生物研究所 Inst. of Hydrobiology	66	57	67	129	122
武汉病毒研究所 Wuhan Inst. of Virology	13	11	14	39	43
亚热带农业生态研究所 Inst. of Subtropical Agriculture			2	3	58
武汉文献情报中心 Wuhan Documentation & Information Center					2
广东省 Guangdong Province	291	201	108	232	537
广州地球化学研究所 Guangzhou Inst. of Geochemistry	164	120	73	159	222
南海海洋研究所 South China Sea Inst. of Oceanology	58	35	15	24	89
华南植物园 South China Botanical Garden	39	33	10	28	164
广州能源研究所 Guangzhou Inst. of Energy Conversion	30	13	10	21	62
四川省 Sichuan Province	70	27	9	12	236

续表 8-4

	被国际上收录（篇） Catalogued by major international indexes (article)	SCIE 论文 Catalogued by SCIE (article)	SCI 论文被引用 Cited internationally		国内刊物发表（篇） Publications in domestic journals (article)
			篇 (article)	次 (times)	
成都山地灾害与环境研究所 Chengdu Inst. of Mountain Hazards and Environment	8	8	5	7	92
成都生物研究所 Chengdu Inst. of Biology	19	17	3	4	78
光电技术研究所 Inst. of Optics and Electronics	43	2	1	1	64
成都文献情报中心 Chengdu Documentation & Information Center					1
成都分院 Chengdu Branch					1
贵州省、云南省 Guizhou and Yunnan provinces	311	232	165	335	370
地球化学研究所 Inst. of Geochemistry	127	68	43	83	137
昆明植物研究所 Kunming Inst. of Botany	114	100	70	116	121
西双版纳热带植物园 Xishuangbanna Tropical Botanical Garden	9	8	8	18	77
昆明动物研究所 Kunming Inst. of Zoology	61	56	44	118	35
陕西省 Shaanxi Province	58	31	27	109	124
国家授时中心 National Time Service Center	7	4			8
西安光学精密机械研究所 Xi’an Inst. of Optics and Fine Mechanics	32	12	4	4	102

续表 8-4

	被国际上收录(篇) Catalogued by major international indexes (article)	SCIE 论文 Catalogued by SCIE (article)	SCI 论文被引用 Cited internationally 篇 (article)	SCI 论文被引用 Cited internationally 次 (times)	国内刊物发表(篇) Publications in domestic journals (article)
地球环境研究所 Inst. of Earth Environment	19	15	22	99	14
中国科学院西安分院 CAS Xi'an Branch			1	6	
甘肃省、青海省 Gansu and Qinghai provinces	501	329	300	597	783
近代物理研究所 Inst. of Modern Physics	106	84	60	125	124
兰州化学物理研究所 Lanzhou Inst. of Chemical Physics	204	131	155	335	207
寒区旱区环境与工程研究所 Cold and Arid Regions Environmental and Engineering Research Institute	146	82	67	111	283
兰州地质研究所 Lanzhou Inst. of Geology	11	4	3	3	39
资源环境科学信息中心 Scientific Information Center for Resources and Environment					12
兰州分院 Lanzhou Branch					1
青海盐湖研究所 Qinghai Inst. of Saline Lakes	28	23	11	19	44
西北高原生物研究所 Northwest Inst. of Plateau Biology	6	5	4	4	73
新疆维吾尔自治区 Xinjiang Uygur Autonomous Region	34	21	6	10	143
新疆理化技术研究所 Xinjiang Technical Inst. of Physics and Chemistry	3	2	6	10	26
新疆生态与地理研究所 Xinjiang Inst. of Ecology and Geography	31	19			117

续表 8-4

	被国际上收录(篇) Catalogued by major international indexes (article)	SCIE 论文 Catalogued by SCIE (article)	SCI 论文被引用 Cited internationally		国内刊物发表(篇) Publications in domestic journals (article)
			篇 (article)	次 (times)	
(二)院属单位投资企业 CAS Institution Invested Enterprises	101	50	101	254	126
中国科学院北京科学仪器研制中心 CAS Beijing Scientific Instrument Development Co.,Ltd.					2
沈阳计算技术研究所有限公司 CAS Shenyang Computing Technology Co., Ltd.					5
中国科学院广州化学有限公司 CAS Guangzhou Chemistry Co., Ltd.	22		22	46	37
中国科学院广州电子有限公司 CAS Guangzhou Electronics Co., Ltd.					
成都有机化学有限责任公司 CAS Chengdu Organic Chemistry Co., Ltd.	74	50	79	208	57
四川中科院信息技术有限责任公司 CAS Sichuan Information Technology Co., Ltd.	5				24
中国科学院三环新材料研究开发公司 CAS Sanhuan New Materials Development Co.					1

注：1.《科学引文索引(SCIE)》中有 16 篇，《工程索引(EI)》中有 9 篇，《科学技术会议索引(ISTP)》中有 8 篇，SCI 论文被引用 34 篇，国内刊物发表中有 140 篇，对作者单位只检索到“中国科学院”，故此表各所未含该部分论文数。

Note: 16 papers were included in SCIE, 9 papers were in EI, 8 papers were in ISTP, 34 papers were quoted in theses, 140 papers were published in journals both at home and abroad.Authors' institutions are searched as CAS. So, this form didn't inclnde these numbers of paper.

2. 论文的学科分类是以论文所属学科，按国家标准《学科分类与代码》(GB/T13745-1992)进行的分类统计。

Papers are classified by discipline. The statistics are based on the discipline classification of the state standards (GB/T13745-1992).

8-5 科技论文在国内重要期刊上发表及被引用情况

S&T Papers Published and Cited by Major Domestic Journals

年 份 Year	国内期刊发表数（篇） Papers published in domestic journals (article)	其中： NSFC 基金论文数(篇) NSFC papers(article)	在国内被引用 Cited domestically	
			篇 (article)	次 (time)
1990	4738	1215		
1991	4780	1342		
1992	5025	1570		
1993	4826	1611		
1994	4931	1783	2164	2968
1995	5092	1848	2309	3141
1996	6592	2331	2989	3911
1997	7261	2680	3455	4701
1998	7291	4016	3998	5316
1999	8301	3353	5466	8028
2000	9356	3585	6752	10188
2001	9688	4350	7034	11047
2002	9773	4570	8546	13716
2003	10588	4770	9414	15678

资料来源：中国科学引文数据库(核心库)。

Source: Chinese Science Citation Database(Core Database).

注：中国科学引文数据库的数据来源于国内较重要的 643 种(1989~1995 年为 315 种)中英文期刊。NSFC 基金论文数是指受国家自然科学基金资助的论文数。在国内被引用情况是指中国科学引文数据库前 5 年收录的论文在第六年被引用的统计，例，2003 年国内被引情况是指 1998~ 2002 年被收录的论文在 2003 年被引用的情况，2002 年国内被引情况是指 1997~2001 年被收录的论文在 2002 年被引用的情况。其他年份依次类推。

Note: Data in Chinese Science Citation Database are from 643 major domestic S&T journals in Chinese and English (315 major domestic S&T journals in 1989~1995). Data of NSFC papers refer to the number of papers which are published on the basis of research projects supported by the National Natural Science Foundation of China. Domestic citation refers to the citation of papers quoted by Chinese Science Citation Database over the previous five years. For instance, the citation in 2003 of papers quoted in 1998~2002, the citation in 2002 of papers quoted in 1997~2001. The rest of years' papers citation are on the analogy of this.

8-6 科技论文在国内重要期刊上被引次数最多的前 30 名机构(2003 年)

Top 30 Institutions in Citation of S&T Papers by Major Domestic Journals: 2003

机构名称 Institution	在国内被引用 Cited domestically	
	篇 (article)	次 (time)
中国科学技术大学 University of Science and Technology of China	702	1049
寒区旱区环境与工程研究所 Cold and Arid Regions Environmental and Engineering Research Inst.	391	938
地理科学与资源研究所 Inst. of Geographic Sciences and Natural Resources Research	439	928
植物研究所 Inst. of Botany	464	865
地质与地球物理研究所 Inst. of Geology and Geophysic	363	727
生态环境研究中心 Research Center of Eco-Environmental Sciences	270	572
大气物理研究所 Inst. of Atmospheric Physics	292	559
广州地球化学研究所 Guangzhou Inst. of Geochemistry	199	390
南京土壤研究所 Nanjing Inst. of Soil Science	223	380
动物研究所 Inst. of Zoology	251	377
新疆生态与地理研究所 Xinjiang Inst. of Ecology and Geography	176	358
沈阳应用生态研究所 Shenyang Inst. of Applied Ecology	211	348
大连化学物理研究所 Dalian Inst. of Chemical Physics	219	324
海洋研究所 Inst. of Oceanology	177	291
华南植物园 South China Inst. of Botany	153	287
水土保持与生态环境研究中心 Research Center of Soil of Water Conservation and Eco-Environmental Sciences	151	284

续表 8-6

机构名称 Institution	在国内被引用 Cited domestically	
	篇 (article)	次 (time)
地球化学研究所 Inst. of Geochemistry	181	268
金属研究所 Inst. of Metals Research	181	256
遗传与发育生物学研究所 Inst. of Genetics and Developmental Biology	178	252
东北地理与农业生态研究所 Northeast Inst. of Geography and Agriculture Ecology	128	231
水生生物研究所 Inst. of Hydrobiology	149	225
上海生命科学研究院 Shanghai Institutes for Biological Sciences	177	218
化学研究所 Inst. of Chemistry	133	215
兰州化学物理研究所 Lanzhou Inst. of Chemical Physics	151	208
南京地理与湖泊研究所 Nanjing Inst. of Geography and Limnology	118	205
山西煤炭化学研究所 Shanxi Inst. of Coal Chemistry	150	201
上海硅酸盐研究所 Shanghai Inst. of Ceramics	137	196
长春应用化学研究所 Changchun Inst. of Applied Chemistry	136	187
遥感研究所 Inst. of Remote and Sensing Applications	90	187
武汉岩土力学研究所 Wuhan Inst. of Rock and Soil Mechanics	94	181

资料来源：中国科学引文数据库(核心库)。

Source: Chinese Science Citation Database(Core Database).

注：国内被引情况是指 1998~2002 年被中国科学引文数据库收录的论文在 2003 年被引用的情况。

Note: Domestic citation refers to citation in 2003 of papers quoted by Chinese Science Citation Database from 1998 to 2002.

8-7 获国家自然科学奖情况

S&T Achievements Granted with National Natural Science Awards

年份 Year	项目 Item	获奖总项数 Total	一等奖 1st class	二等奖 2nd class	三等奖 3rd class	四等奖 4th class
1956 (第一届)	全国授奖项数 National total	34	3	5	26	
	中国科学院获奖数 Awards won by CAS	23	3	2	18	
1982 (第二届)	全国授奖项数 National total	125	9	40	49	27
	中国科学院获奖数 Awards won by CAS	47	2	23	17	5
1987 (第三届)	全国授奖项数 National total	178	11	39	87	41
	中国科学院获奖数 Awards won by CAS	72	7	17	33	15
1989 (第四届)	全国授奖项数 National total	59	2	19	23	15
	中国科学院获奖数 Awards won by CAS	32	2	11	14	5
1991 (第五届)	全国授奖项数 National total	53		10	31	12
	中国科学院获奖数 Awards won by CAS	16		5	11	
1993 (第六届)	全国授奖项数 National total	52	1	18	21	12
	中国科学院获奖数 Awards won by CAS	20	1	11	6	2
1995 (第七届)	全国授奖项数 National total	57		15	27	15
	中国科学院获奖数 Awards won by CAS	25		10	11	4

续表 8-7

年 份 Year	项 目 Item	获奖总项数 Total	一等奖 1st class	二等奖 2nd class	三等奖 3rd class	四等奖 4th class
1997 (第八届)	全国授奖项数 National total	51	1	8	30	12
	中国科学院获奖数 Awards won by CAS	20	1	5	12	2
1999 (第九届)	全国授奖项数 National total	57		10	31	16
	中国科学院获奖数 Awards won by CAS	21		7	11	3
2000 (第十届)	全国授奖项数 National total	15		15		
	中国科学院获奖数 Awards won by CAS	6		6		
2001 (第十一届)	全国授奖项数 National total	18		18		
	中国科学院获奖数 Awards won by CAS	8		8		
2002 (第十二届)	全国授奖项数 National total	24	1	23		
	中国科学院获奖数 Awards won by CAS	12	1	11		
2003 (第十三届)	全国授奖项数 National total	19	1	18		
	中国科学院获奖数 Awards won by CAS	6	1	5		
2004 (第十四届)	全国授奖项数 National total	28		28		
	中国科学院获奖数 Awards won by CAS	10		10		

注：表中院获奖数是院直属单位为第一完成单位的获奖数。自 2000 年始国家自然科学奖设一、二等奖，2003 年增设特等奖。

Note: In the table, the number of awards won by CAS inducates the number of awards won by the CAS institutions who is the first unit for the achievement.Since 2000, National Natural Science Awards only has had 1st and 2nd class Awards.Since 2003, special class award of natural science has been added.

8-8 获国家技术发明奖情况

S&T Achievements Granted with National Technology Invention Awards

年份 Year	项目 Item	获奖总项数 Total	一等奖 1st class	二等奖 2nd class	三等奖 3rd class	四等奖 4th class
1979	全国授奖项数 National total	43	1	12	24	6
	中国科学院获奖数 Awards won by CAS	12	1	3	7	1
1980	全国授奖项数 National total	109		13	75	21
	中国科学院获奖数 Awards won by CAS	22		4	17	1
1981	全国授奖项数 National total	123	3	10	56	54
	中国科学院获奖数 Awards won by CAS	6			3	3
1982	全国授奖项数 National total	153	4	17	68	64
	中国科学院获奖数 Awards won by CAS	9			4	5
1983	全国授奖项数 National total	212	5	18	108	81
	中国科学院获奖数 Awards won by CAS	11		2	8	1
1984	全国授奖项数 National total	264	7	25	125	107
	中国科学院获奖数 Awards won by CAS	15	1	3	8	3
1985	全国授奖项数 National total	185	6	18	92	69
	中国科学院获奖数 Awards won by CAS	6			4	2
1986	全国授奖项数 National total	30		3	12	15
	中国科学院获奖数 Awards won by CAS					

续表 8-8

年份 Year	项目 Item	获奖总项数 Total	一等奖 1st class	二等奖 2nd class	三等奖 3rd class	四等奖 4th class
1987	全国授奖项数 National total	225	1	24	96	104
	中国科学院获奖数 Awards won by CAS	12		1	9	2
1988	全国授奖项数 National total	217	4	20	97	96
	中国科学院获奖数 Awards won by CAS	12	1	2	6	3
1989	全国授奖项数 National total	150		14	67	69
	中国科学院获奖数 Awards won by CAS	4			3	1
1990	全国授奖项数 National total	224	3	15	113	93
	中国科学院获奖数 Awards won by CAS	5			4	1
1991	全国授奖项数 National total	209	1	12	92	104
	中国科学院获奖数 Awards won by CAS	7	1	1	4	1
1992	全国授奖项数 National total	170		10	68	92
	中国科学院获奖数 Awards won by CAS	5		1	1	3
1993	全国授奖项数 National total	175		16	74	85
	中国科学院获奖数 Awards won by CAS	5		2	3	
1995	全国授奖项数 National total	131	1	12	59	59
	中国科学院获奖数 Awards won by CAS	4		1	3	
1996	全国授奖项数 National total	111	1	8	56	46
	中国科学院获奖数 Awards won by CAS	9		1	6	2

续表 8-8

年 份 Year	项 目 Item	获奖总项数 Total	一等奖 1st class	二等奖 2nd class	三等奖 3rd class	四等奖 4th class
1997	全国授奖项数 National total	100	1	13	46	40
	中国科学院获奖数 Awards won by CAS					
1998	全国授奖项数 National total	72		10	30	32
	中国科学院获奖数 Awards won by CAS	4		1	1	2
1999	全国授奖项数 National total	69		13	38	18
	中国科学院获奖数 Awards won by CAS	7		2	4	1
2000	全国授奖项数 National total	23		23		
	中国科学院获奖数 Awards won by CAS	2		2		
2001	全国授奖项数 National total	14		14		
	中国科学院获奖数 Awards won by CAS	1		1		
2002	全国授奖项数 National total	21		21		
	中国科学院获奖数 Awards won by CAS	1		1		
2003	全国授奖项数 National total	19		19		
	中国科学院获奖数 Awards won by CAS	1		1		
2004	全国授奖项数 National total	28	2	26		
	中国科学院获奖数 Awards won by CAS	1		1		

注: 1. 1994 年国家技术发明奖停评一年。

Note: The evaluation of achievements for National Technology Invention Awards was suspended in 1994 for a year.

2. 表中院获奖数是院直属单位为第一完成单位的获奖数。自 2000 年始国家技术发明奖设一、二等奖，2003 年增设特等奖。

In the table, the number of awards won by CAS indicates the number of awards won by the CAS institutions who is the first unit for the achievement. Since 2000, National Technology Invention Awards only has had 1st and 2nd class Awards. Since 2003, special class award of technology invention has been added.

8-9 获国家科技进步奖情况

S&T Achievements Granted with National S&T Progress Awards

年份 Year	项目 Item	获奖总项数 Total	特等奖 Special class	一等奖 1st class	二等奖 2nd class	三等奖 3rd class
1985	全国授奖项数 National total	1761	23	135	535	1068
	中国科学院获奖数 Awards won by CAS	73	2	8	28	35
1987	全国授奖项数 National total	807	4	50	237	516
	中国科学院获奖数 Awards won by CAS	36		1	13	22
1988	全国授奖项数 National total	515	3	34	151	327
	中国科学院获奖数 Awards won by CAS	29		4	11	14
1989	全国授奖项数 National total	504	3	36	152	313
	中国科学院获奖数 Awards won by CAS	26		1	9	16
1990	全国授奖项数 National total	505	3	32	142	328
	中国科学院获奖数 Awards won by CAS	17	1	3	5	8
1991	全国授奖项数 National total	502	1	32	140	329
	中国科学院获奖数 Awards won by CAS	28		1	11	16
1992	全国授奖项数 National total	649	3	38	195	413
	中国科学院获奖数 Awards won by CAS	40		4	14	22
1993	全国授奖项数 National total	441	2	27	122	290
	中国科学院获奖数 Awards won by CAS	22		3	10	9
1995	全国授奖项数 National total	607	2	25	182	398
	中国科学院获奖数 Awards won by CAS	44		2	13	29

续表 8-9

年 份 Year	项 目 Item	获奖总项数 Total	特等奖 Special class	一等奖 1st class	二等奖 2nd class	三等奖 3rd class
1996	全国授奖项数 National total	536	4	20	169	343
	中国科学院获奖数 Awards won by CAS	31			8	23
1997	全国授奖项数 National total	475	3	19	150	303
	中国科学院获奖数 Awards won by CAS	21		1	10	10
1998	全国授奖项数 National total	471	3	22	133	313
	中国科学院获奖数 Awards won by CAS	24		2	6	16
1999	全国授奖项数 National total	476	2	17	143	314
	中国科学院获奖数 Awards won by CAS	20			6	14
2000	全国授奖项数 National total	250		22	228	
	中国科学院获奖数 Awards won by CAS	9			9	
2001	全国授奖项数 National total	191		17	174	
	中国科学院获奖数 Awards won by CAS	7		1	6	
2002	全国授奖项数 National total	218		18	200	
	中国科学院获奖数 Awards won by CAS	14			14	
2003	全国授奖项数 National total	216	1	16	199	
	中国科学院获奖数 Awards won by CAS	9			9	
2004	全国授奖项数 National total	244		16	228	
	中国科学院获奖数 Awards won by CAS	14		1	13	

注: 1. 国家科技进步奖 1986 年、1994 年停评。

Note: The evaluation of achievements for National S&T Progress Awards was suspended in 1986 and 1994.

2. 表中院获奖数是院直属单位为第一完成单位的获奖数。自 2000 年始国家科技进步奖设一、二等奖，2003 年增设特等奖。

In the table, the number of awards won by CAS indicates the number of awards won by the CAS institution who is the first unit for the achievement. Since 2000, National S&T Progress Awards has had only 1st and 2nd class Awards. Since 2003, special class award of S&T progress has been added.

8-10 获国家科学技术奖情况(2004 年)

S&T Achievements Granted with National S&T Awards: 2004

	合 计 Total	一等奖 1st class	二等奖 2nd class
总计 Total	**25**	**1**	**24**
一、国家最高科学技术奖(人) State Supreme S&T Award(person)			
二、国家自然科学奖(项) National Natural Science Award(item)	**10**		10
数学与系统科学研究院 Academy of Mathematics & Systems Science	**1**		1
高能物理研究所 Inst. of High Energy Physics	**1**		1
物理研究所 Inst. of Physics	**2**		2
化学研究所 Inst. of Chemistry	**1**		1
大气物理研究所 Inst. of Atmospheric Physics	**1**		1
中国科学技术大学 University of Science and Technology of China	**1**		1
西北高原生物研究所 Northwest Inst. of Plateau Biology	**1**		1
半导体研究所 Inst. of Semiconductors	**1**		1
自动化研究所 Inst. of Automation	**1**		1
三、国家技术发明奖(项) National Technology Invention Award(item)	**1**		1
兰州化学物理研究所 Lanzhou Inst. of Chemical Physics	**1**		1
四、国家科技进步奖(项) National S&T Progress Award(item)	**14**	1	13

续表 8-10

	合 计 Total	一等奖 1st class	二等奖 2nd class
上海光学精密机械研究所 Shanghai Inst. of Optics and Fine Mechanics	**1**	1	
水土保持与生态环境研究中心 Research Center of Soil & Water Conservation and Eco-Environmental Sciences	**1**		1
南京土壤研究所 Nanjing Inst. of Soil Science	**1**		1
东北地理与农业生态研究所 Northeast Inst. of Geography and Agricultural Ecology	**1**		1
国家天文台(紫金山天文台) National Astronomical Observatories of China	**1**		1
自动化研究所 Inst. of Automation	**1**		1
地理科学与资源研究所 Inst. of Geographic Sciences and Natural Resources Research	**1**		1
生态环境研究中心 Research Center for Eco-Environmental Sciences	**1**		1
武汉岩土力学研究所 Wuhan Inst. of Rock and Soil Mechanics	**1**		1
上海技术物理研究所 Shanghai Inst. of Technical Physics	**3**		3
空间科学与应用研究中心 Center for Space Science and Applied Research	**1**		1
联想(北京)有限公司 Lenovo (Beijing) Co., Ltd.	**1**		1

注: 1. 国家最高科学技术奖每年只奖励 2 人。

Note: State Supreme S&T Award is only given 2 persons every year.

2. 总计中不包括国家最高科学技术奖。

The total number excludes one State Supreme S&T Award.

九、院、所投资企业开发经营活动

BUSINESS ACTIVITIES OF CAS AND ITS INSTITUTION INVESTED ENTERPRISES

9-1 院、所投资企业总体情况

Statistical Indices of CAS and Its Institution Invested Enterprises

单位：万元 (ten thousand yuan)

项　目 Items	1999 年	2000 年	2001 年	2002 年	2003 年	2004
资产总额 Total assets	1713545	2531285	3242703	3917901	4141505	4944484
流动资产 Current assets	1124633	1584664	2227168	2715862	2969362	3485996
负债总额 Total liabilities	858597	1245080	1722408	1838071	2116058	2671741
少数股东权益 Minority interests	156783	342489	348051	419411	480652	486884
所有者权益 Total owners' equity	698165	943715	1172244	1660420	1544795	1785859
营业收入 Operating income	2725676	3683946	4345367	4949078	5337163	5675970
营业成本 Cost of sales	2363665	3106475	3717567	4200225	4546787	4706021
费用总额 Total fees	269736	403909	459091	517668	598599	654802
利润总额 Total profit	110390	198868	232410	360292	203162	259406
上缴税金总额 Total tax paid	121070	168308	219797	167124	158833	160696
利税总额 Total profit and tax	220665	354265	429885	505865	339937	393752
创汇额(万美元) Foreign exchange income (ten thousand US dollars)	30574	29603	29420	29425	50767	34334
R&D 投入 R&D investment	147643	112649	136699	136834	163207	153805
成果获奖数(项) Achievements (item)	193	103	105	109	113	229
产品项目数(项) Number of products (item)	256	540	584	632	666	733

续表 9-1

项 目 Items	1999 年	2000 年	2001 年	2002 年	2003 年	2004
上缴院所利润 Profit turned over to CAS and institutes	4613	12868	16885	16930	31615	16335
上缴院所费用 Fees turned over to CAS and institutes	10234	8684	5188	5899	7976	5636
在职职工总数(人) Total number of staff at work	38952	40477	52375	58576	60871	58185
统计企业数(个) Number of enterprises	620	472	438	454	394	432

注: 1. 各项统计指标是按照企业法人为单位进行统计的。

Note: The statistical indices here are calculated by taking enterprises corporate as the basic units.

2. 1996 年的“上缴院所利润”为上缴院所利润与费用的合计数，1997 年度起将此项指标分别表示。

Profit turned over to CAS and institutes in 1996 statistical yearbooks refers to the total profit and fees, which are turned over to CAS and institutes. From 1997, the profit and fees turned over to CAS and institutes are expressed separately.

3. 在职职工总数：2003 年前数据为职工总数，含离退休人员。

The number of staff at work: the total number of staff at work before 2003 included the number of retired personnel.

9-2 院、所投资企业按在职职工总数分组(2004 年)

CAS and Its Institution Invested Enterprises, by Number of Staff: 2004

	合 计 Total	1~10 人 1~10 persons	11~50 人 11~50 persons	51~100 人 51~100 persons	101~200 人 101~200 persons	201~300 人 201~300 persons	>300 人 Over 300 persons
企业数(个) Number of enterprises	432	76	197	67	46	16	30
(%)	100	17.60	45.60	15.51	10.65	3.70	6.94
人 数 Number of people	58185	384	5295	4828	6599	3876	37203
(%)	100	0.66	9.10	8.30	11.34	6.66	63.94

注：未提供人数的企业划在 1~10 人范围内。

Note: The number of people of the enterprises which do not provide data is assumed as less than 10.

9-3 院、所投资企业按营业收入分组(2004 年)

CAS and Its Institution Invested Enterprises, by Operating Income: 2004

单位: 万元 (ten thousand yuan)

	合计 Total	<10	10~<50	50~<100	100~<500	500~<1000	1000~<5000	5000~<10000	>10000
企业数(个) Number of enterprises	389	35	38	37	102	55	68	24	30
(%)	100	9.00	9.77	9.51	26.22	14.14	17.48	6.17	7.71
营业收入 Operating income	5675970	87	1049	2775	27236	38320	157001	178376	5271126
(%)	100	0.00	0.02	0.05	0.48	0.68	2.77	3.13	92.87

注: 表 9-3,9-4,9-7 中企业数(个)是以集团合并报表进行统计得出的结果。

Note: The number of enterprises in Tables 9-3, 9-4 and 9-7 are calculated by taking the number of CAS invested group corporations statistical statement.

9-4 院、所投资企业按年利润总额分组(2004 年)

CAS and Its Institution Invested Enterprises, by Annual Profit: 2004

单位: 万元 (ten thousand yuan)

	合计 Total	10 以下	10~<50	50~<100	100~<500	500~<1000	1000~<5000	5000~<10000	>10000
企业数 (个) Number of enterprises	389	210	60	22	54	16	22	2	3
(%)	100	53.98	15.42	5.66	13.88	4.11	5.67	0.51	0.77
利润总额 Total profit	259406	–24312	1645	1519	12334	11260	46438	15244	195278
(%)	100	–9.37	0.63	0.59	4.75	4.34	17.90	5.88	75.28

9-5　营业收入排序前30名的院、所投资企业(2004年)

Top 30 CAS and Its Institution Invested Enterprises in Business Income: 2004

单位: 万元　　(ten thousand yuan)

序号 No.	企业名称 Name of enterprises	营业收入 Operating income
1	联想控股有限公司(合并) Legend Group Holding Co.	4192245
2	中国大恒(集团)有限公司(合并) China Daheng Group	235502
3	成都地奥制药集团有限公司 Chengdu Di'ao Pharmaceutical Corporation, CAS	112015
4	北京中关村科学城建设股份有限公司 Beijing Zhongguancun Science City Construction Holding Co., Ltd.	111365
5	北京三环新材料高技术公司(合并) Beijing Sanhuan New Materials High-Tech Inc.	103447
6	长春联信光电子有限责任公司 Changchun Lancer Photo-Electron Co., Ltd.	44268
7	东方科学仪器进出口集团公司(本部) Oriental Scientific Instrument Import & Export Group Corporation	41828
8	深圳科技工业园总公司(合并) Shenzhen Science and Industry Park Corporation	40664
9	青岛金王应用化学股份有限公司 Qingdao Kingsea Arts Products Co., Ltd.	39431
10	上海新进半导体制造有限公司 Shanghai Xinjin Semiconduct Manufactur Co., Ltd.	37608
11	上海中科股份有限公司 Shanghai China Sciences Co.,Ltd.	36272
12	北京中科资源有限公司(合并) Beijing Zhongke Resource Co.,Ltd.	36041
13	浙江京新药业股份有限公司 Zhejiang Jingxin Pharmaceutical Co., Ltd.	36000
14	甘肃海林中科科技股份有限公司 Gansu Hailin CAS S&T Holding Co., Ltd.	31649
15	上海尼赛拉传感器有限公司 Shanghai Nicera Sensor Co., Ltd.	31403
16	中科英华高技术股份有限公司 Zhongke Yinghua High-tech Co., Ltd.	30000
17	上海中科合臣化学有限责任公司 Shanghai SYNICA Chemicals Co., Ltd.	27150

续表 9-5

序号 No.	企 业 名 称 Name of enterprises	营业收入 Operating income
18	中科软件股份有限公司 Sinosoft Co., Ltd.	26295
19	上海五洲药业股份有限公司 Shanghai International Pharmaceutical Co., Ltd.	24470
20	东方科学仪器上海进出口有限公司 Oriental Scientific Instrument Shanghai I/ E Corporation	22828
21	浙江花园生物高科股份有限公司 Zhejiang Gerden Biotech Co., Ltd.	22025
22	上海西卡思新技术总公司 Shanghai SICCAS High Technology Corporation	19758
23	中国科技促进经济投资公司 China Investment Corporation For Science & Technology	17978
24	北京全三维动力工程有限公司 Beijing Full Three Dimension Power Engineering Co., Ltd.	15807
25	沈阳红网科技有限公司 Shenyang Rednet Technology Co., Ltd.	15093
26	北京中科进出口公司 Beijing Zhongke Import & export Company	14797
27	武汉多福科技农庄股份有限公司 Wuhan Do Fu Science & Technological Farm Co., Ltd.	14594
28	沈阳新松机器人自动化股份有限公司 ShenYang SIAShine Electronic Engineering Co., Ltd.	14566
29	北京东方中科集成科技有限公司 Beijing Oriental Jicheng Co., Ltd.	14495
30	东方国际招标有限责任公司 The Oriental International Tendering Co., Ltd.	14130

注:“合并”指合并会计报表，又称合并财务报表，即以母公司和子公司组成的企业集团为一会计主体，以母公司和子公司单独编制的个别会计报表为基础，由母公司编制的综合反映由母公司与子公司组成的企业集团经营成果、财务状况及其变动情况的会计报表。

Note: “Merged” refers to the merged statement of accounting or merged financial statement. It means the combined accounting statement of a group company consisting of parent company and subordinate companies, on the basis of the independent accounting statement of both the parent company and the subordinate companies. The merged accounting statement made by parent company indicates group company operating results, financial status and its changes of both the parent company and subordinate companies.

9-6 利润总额排序前30名的院、所投资企业(2004年)
Top 30 CAS and Its Institution Invested Enterprises in Total Profit: 2004

单位: 万元 (ten thousand yuan)

序号 No.	企业名称 Name of enterprises	利润总额 Total profit
1	联想控股有限公司(合并) Legend Group Holdings Co.	148129
2	成都地奥制药集团有限公司 Chengdu Di'ao Pharmaceutical Corporation, CAS	23362
3	北京三环新材料高技术公司(合并) Beijing Sanhuan New Materials R&D Incorporation	16201
4	上海尼赛拉传感器有限公司 Shanghai Nicera Sensor Co., Ltd.	6945
5	中科实业集团(控股)公司(本部) China Sciences Holdings Co. (headquarters)	6840
6	中科英华高技术股份有限公司 Zhongke Yinghua High-tech Co., Ltd.	6500
7	深圳科技工业园总公司(合并) Shenzhen Science and Industry Park Corporation	4356
8	福建福晶科技有限公司 Fujian Castech Crystals, Inc.	4063
9	上海新进半导体制造有限公司 Shanghai Xinjin Semiconduct Manufacture Co., Ltd.	4021
10	青岛金王应用化学股份有限公司 Qingdao Kingsea Arts Products Co.,Ltd.	4000
11	浙江花园生物高科股份有限公司 Zhejiang Garden Biotech Co., Ltd.	3882
12	中国大恒(集团)有限公司(合并) China Daheng Group	3793
13	浙江京新药业股份有限公司 Zhejiang Jingxin Pharmaceutical Co., Ltd.	3262
14	中生北控生物科技股份有限公司 Zhongsheng Beikong Bio-Technology & Science Inc.	3189
15	上海赛达生物药业股份有限公司 Shanghai Celstar Bio-pharmaceutical Holding Co. Ltd.	3106

序号 No.	企 业 名 称 Name of enterprises	利润总额 Total profit
16	北京中关村科学城建设股份有限公司 Beijing Zhongguancun Science City Construction Holding Co., Ltd.	2646
17	上海德福光电技术有限公司(本部) Shanghai Defu Optoelectronics Technology Co., Ltd. (headquarters)	2351
18	北京中科科仪技术发展有限责任公司 KYKY Technology Development Ltd.	2120
19	南京中科生化技术有限公司 Nanjing Zhangke Biochemistry Technology Co., Ltd.	2110
20	北京汉王科技有限公司 Beijing Hanwang Technology Co., Ltd.	2109
21	上海中科合臣化学有限公司 Shanghai SYNICA Chemicals Co., Ltd.	2003
22	上海硅酸盐研究所中试基地 Shanghai Institute of Ceramics R&D Center	1998
23	沈阳新松机器人自动化股份有限公司 Shenyang SIAShine Electronic Engineering Co., Ltd.	1888
24	上海杜邦光掩膜有限公司 Shanghai Dubang Mask Co., Ltd.	1840
25	上海瀛赛拉磁性器材有限公司 Shanghai Nicera Magnetic Components Co., Ltd.	1550
26	恩益禧-中科院软件所有限公司 NEC-CAS Software Lab-Oratories Co., Ltd.	1499
27	东方科学仪器进出口集团公司(本部) Oriental Scientific Instrument I/E Group Co., Ltd. (headquarters)	1396
28	北京百奥药业有限责任公司 Beijing Baiao Pharmaceutics Co., Ltd.	1292
29	武汉多福科技农庄股份有限公司 Wuhan Do Fu Science & Technological Farm Co., Ltd.	1268
30	南京中科天文仪器有限公司(合并) Nanjing Astronomical Instruments Co., Ltd.	1213

9-7 院、所投资企业经营情况按行业分类(2004 年)

Statistics of Business Operation of CAS and Its Institution Invested Enterprises, by Sector: 2004

行 业 Sector	企业数（个） Number of enterprises	营业收入（万元） Operating income (ten thousand yuan)	利润总额（万元） Annual profit (ten thousand yuan)
合 计 Total	**389**	**5675970**	**259406**
采矿业 Mining	1	4170	190
房地产业 Real estate	2	741	–47
公共管理和社会组织 Public management and social organization	1	414	3
建筑业 Construction	7	6535	214
教育 Education	1	292	108
居民服务和其他服务业 Residential service and other services	49	52768.84	767.08
科学研究、技术服务和地质勘查业 Science research, technical services and geological exploration	52	77510.31	1567.06
农、林、牧、渔业 Agriculture, forestry, animal husbandry and fishery	7	22549.92	1784.64
批发和零售业 Whole sale and retail	11	54021.7	691.26
水利、环境和公共设施管理业 Water conservancy, environment and public facility management	3	699.8	61.7
卫生、社会保障和社会福利业 Public health, social security and welfare	1	24469.91	466.05
文化、体育和娱乐业 Culture, sports and recreation industry	9	13651.03	791.09
信息传输、计算机服务和软件业 Information, communication, computer services and software	61	123487.36	2989.85
制造业 Manufacturing	167	5165933.37	246259.33
住宿和餐饮业 Lodging and food service	7	5327.96	40.56
租赁和商务服务业 Leasing industry and business services	10	123398.01	3520.02

9-8 院、所投资企业高新技术产品分类(2004 年)

New and High-technology Products of CAS and Its Institution Invested Enterprises: 2004

产品分类 Category	产品项目数(项) Number of products (item)	销售收入(万元) Sales income (ten thousand yuan)	出口额(万美元) Export value (ten thousand US dollars)
合 计 Total	**292**	**3117366**	**23868**
电子与信息 Electronics and information technology	32	2487694	5817
软件 Software	50	75772	643
生物、医药和医疗器械 Biology, medicine and medical equipment	56	235353	1591
新材料 New materials	55	220433	14007
光机电一体化 Photoelectromechanics	67	32641	626
新能源、高效节能 New energy and energy-saving technology	11	37611	1
环境保护 Environment protection	7	2489	
航空航天 Aviation and space technology	4	3930	5
地球、空间及海洋工程 Earth, space and ocean engineering	1	1084	
农业 Agricltiure	9	20359	1179

主要统计指标解释

1. 院、所投资企业

中国科学院及其所属各单位投资的全资、控股和参股企业。

2. 在职职工总数

在职职工总数包括固定合同制职工、聘用人员和临时工。

3. 少数股东权益

指集团公司的子公司所有者权益中不属于母公司的份额，在合并会计报表中用“少数股东权益”表示。

4. 所有者权益

所有者权益为资产总额扣除负债总额和少数股东权益后的余额。

5. 上缴税金总额

上缴税金总额包括增值税、营业税金及附加、所得税及其他税金的总和。

6. 营业收入

营业收入是指企业在生产经营活动中，由销售产品和商品、进行技术服务、提供劳务等取得的收入。

7. 利润总额

利润总额包括营业利润、投资净收益及营业外收支净额，为所得税前利润。

营业利润是指营业收入扣减成本、各种费用、流转税及附加税费的数额。

投资净收益是指投资收益扣除投资损失后的数额。

营业外收支净额为营业外收入减去营业外支出后的数额。

8. 利税总额

利税总额是税后净利润与全部上缴税金之和。

Explanatory Notes on Key Indicators

1. CAS and it institution invested enterprises

This refers to the wholly owned enterprises, holding companies and share holding companies invested by CAS and its institutions.

2. Total number of staff at work

This includes permanent and contract staff, invited engaged staff and temporary staff.

3. Minority interests

This refers to the share of the total owner's equity of the subordinate company in a group company which does not belong to the parent company. It is indicated as "minority interests" on the merged statement of the group company accounting.

4. Total owner's equity

This refers to the total value of the assets in an enterprise after deducting all debts and minority Shareholders' interests.

5. Total tax

This includes value added tax, business tax, surtax, income tax and other taxes.

6. Operating income

This refers to the income obtained by the enterprises in their production and business activities such as product sales, commodity sales, technical service and labor service.

7. Total profit

This refers to profit before income tax, including operation profit, net income from investment and non-operating profit. Operating profit refers to net income after deducting of cost, various expenditure, indirect tax and surtax. Net income from investment refers to investment income after deducting investment losses, and non-operating profit refers to non-operating income after deducting non-operating expenses.

8. Total profit from interest and tax

Total profit from benefits and tax refers to the net benefits plus total tax of enterprises.

十、院、地合作

CAS AND LOCALITY COOPERATION

10-1　院、地合作总体情况

General Statistics of CAS and Locality Cooperation

年份 Year	项目数(项) Number of projects (item)	销售收入(万元) Sales income (ten thousand yuan)	利税总额(万元) Total profits and taxes (ten thousand yuan)
2001	858	1611200	351700
2002	1415	2430975	500720
2003	3002	3124331	594917
2004	2979	3589498	676499

注：1.第 10 部分表中的项目数指：自 1996 年以来中国科学院转让到省市、企业的合作项目在当年度实施并获取到的统计数据。

Note: The project index in the section 10 indicates the data of the cooperative projects transferred by the CAS since 1996 to the provinces, municipalities and local enterprises, implemented in the current year.

2. 第 10 部分表中的销售收入及利税总额指：中国科学院转让的项目在地方企业当年产生的销售收入及利税总额。

The sales income and profits and taxes in Section 10 refer to the total sales income and profits and taxes generated by the projects transferred by CAS to the local enterprises in the current year.

10-2　院、地合作项目按销售收入分组(2004 年)

CAS and Locality Cooperation Projects, by Sales Income: 2004

	合计 Total	3000 万元以下 Below 30 million	3000~5000 万元 30~50 million	5000~10000 万元 50~100 million	1 亿元以上 Over 100 million
项目数(项) Number of projects (item)	2979	2749	84	67	79
(%)	100	92.30	2.82	2.25	2.66
销售收入(万元) Sales income (ten thousand yuan)	3589498	667249	308503	431150	2182596
(%)	100	18.60	8.60	12.00	60.80

10-3 分院分工负责院、地合作区域情况(2004 年)

Statistics of CAS Branch and Locality Cooperation, by Areas: 2004

分院及地区 Branch and region	项目数(项) Number of projects (item)	销售收入(万元) Sales income (ten thousand yuan)	利税总额(万元) Total profits and taxes (ten thousand yuan)
总 计 Total	**2979**	**3589498**	**676499**
北京地区 Beijing Area	419	334354	21420
沈阳分院 Shenyang Branch	463	565856	93586
长春分院 Changchun Branch	36	310829	52823
上海分院 Shanghai Branch	290	690097	92782
南京分院 Nanjing Branch	575	719900	156606
合肥物质科学研究院 Hefei Institutes of Physical Sciences	151	110233	17463
武汉分院 Wuhan Branch	138	96349	18687
广州分院 Guangzhou Branch	271	157995	51409
成都分院 Chengdu Branch	242	262151	82679
昆明分院 Kunming Branch	86	56654	10585
西安分院 Xi'an Branch	118	87982	33202
兰州分院 Lanzhou Branch	129	189264	43979
新疆分院 Xinjiang Branch	61	7834	1278

注：为充分发挥分院在院地合作中的作用，根据中科院院地合作的实际情况，对分院在院地合作中重点负责地区进行了划分并根据分工负责区域进行统计。目前京区、分院(研究院)分工区域为，北京地区：北京；沈阳分院：辽宁省、山东省、河北省、天津市；长春分院：吉林省、黑龙江省；上海分院：上海市、浙江省、福建省；南京分院：江苏省、江西省；合肥物质研究院：安徽省、河南省；武汉分院：湖北省、湖南省；广州分院：广东省、广西壮族自治区、海南省；成都分院：四川省、重庆市、西藏自治区；昆明分院：云南省、贵州省；西安分院：陕西省、山西省、宁夏回族自治区；兰州分院：甘肃省、青海省、内蒙古自治区；新疆分院：新疆维吾尔自治区。

Note: In order to bring CAS Branches into full play in the cooperation between CAS and local governments and enterprises, CAS has put its responsibility on each of its Branches for the cooperation. The main responsible areas for each Branch are devided and the datas are also calculated from the following responsible areas: CAS Head Office is responsible for Beijing area; Shenyang Branch:Liaoning Province, Shangdong Province, Hebei Province, Tianjin Municipality; Changchun Branch: Jilin Province, Heilongjiang Province; Shanghai Branch: Shanghai Municipality, Zhejiang Province, Fujian Province; Nanjing Branch: Jiangsu Province, Jiangxi Province, Hefei Institutes of Physical Sciences:Anhui Province, Henan Province; Wuhan Branch: Hubei Province, Hunan Province; Guangzhou Branch: Guangdong Province, Guangxi Zhuang Autonomous Region, Hainan Province; Chengdu Branch: Sichuan Province, Chongqing Municipality, Tibet Autonomous Region; Kunming Branch: Yunnan Province, Guizhou Province; Xi'an Branch: Shanxi Province, Shanxi Province, Ningxia Hui Autonomous Region; Lanzhou Branch: Gansu Province, Qinghai Province, Inner Mongolian Autonomous Region; Xinjiang Branch:Xinjiang Uighur Autonomous Region.

10-4　院、地合作销售收入排序前 15 名的单位(2004 年)

Top 15 Institutions in Terms of Sales Income Generated from CAS and Locality Cooperation: 2004

单位名称 Names of institutes	项目数(项) Number of projects (item)	销售收入(万元) Sales income (ten thousand yuan)	利税总额(万元) Total profits and taxes (ten thousand yuan)
沈阳自动化研究所 Shenyang Inst. of Automation	149	346867	58032
长春应用化学研究所 Changchun Insti. of Applied Chemistry	63	309106	30101
四川中科信息技术有限公司 CAS Sichuan Information Technology Co., Ltd.	95	234083	105235
大连化学物理研究所 Dalian Inst. of Chemical Physics	179	214350	41313
中国科学技术大学 University of Science and Technology of China	111	168829	29662
工程热物理研究所 Inst. of Engineering Thermophysics	13	134145	11528
上海微系统与信息技术研究所 Shanghai Inst. of Microsystem and Information Technology	25	128653	6408
近代物理研究所 Inst. of Modern Physics	36	114014	25040
合肥物质科学研究院* Hefei Institutes of Physical Science	37	98624	36007
沈阳应用生态研究所 Inst. of Applied Ecology	31	94065	17275
金属研究所 Inst. of Metals Research	137	87070	15543
过程工程研究所 Inst. of Process Engineering	56	84084	8202
南京土壤研究所 Inst. of Soil Science	74	71908	9188
东北地理与农业生态研究所 Northeast Inst. of Geography and Agricultural Ecology	9	69542	4562
微生物研究所 Inst. of Microbiology	43	68000	12105

注：该表中“合肥物质研究院*”是该研究院转化项目所产生的社会经济效益统计结果。

Note: Hefei Institutes of Physical Science in this table indicates the socio-economical effects from the projects transferred by the Institutes.

十一、国际合作及与港、澳、台地区交流

INTERNATIONAL COOPERATION, AND EXCHANGES WITH HONG KONG, MACAO AND TAIWAN REGIONS

11-1 国际合作及与港、澳、台地区交流情况

International Cooperation, and Exchanges with Hong Kong, Macao and Taiwan Regions

单位: 人次 (person·time)

年份 Year	派出 CAS staff sent outside	邀请 Visitors hosted by CAS	年份 Year	派出 CAS staff sent outside	邀请 Visitors hosted by CAS
1950	16		1984	1827	1845
1951	11		1985	1713	3197
1952	5		1986	1310	3770
1953	53		1987	2216	2558
1954	45	3	1988	3344	3518
1955	84	84	1989	4077	2097
1956	226	204	1990	4456	2184
1957	133	248	1991	4459	2544
1958	159	345	1992	4164	2425
1959	103	302	1993	4378	2719
1960	119	192	1994	4319	1835
1961	75	27	1995	4484	2554
			1996	5432	2018
1976	147	200	1997	5247	2990
1977	217	322	1998	5035	2861
1978	587	571	1999	7237	2895
1979	784	1074	2000	6622	2929
1980	950	1760	2001	7304	8576
1981	1119	1211	2002	8460	7987
1982	1322	992	2003	7370	6730
1983	1222	1798	2004	7638	11646

注: 2002 年的邀请统计中包含了顺访外宾人次。

Note: The statistics of invited visitors in 2002 includes the number of short visits.

11-2 国际合作及与港、澳、台地区交流邀请项目按类型分类(2004 年)

Statistics of Visitors Hosted by CAS, by Type of Exchange: 2004

单位: 人次 (person·time)

国家与地区 Country and region	按交流形式分类统计 By type of exchange					
	小 计 Subtotal	考察访问 Investigation and visit	合作研究 Joint research	国际会议 International conference	培 训 Training	科技展览 S&T Exhibition	其 他 Others
合 计 Total	**11646**	**2821**	**2764**	**5623**	**130**	**1**	**307**
亚 洲 Asia	3174	899	656	1459	57		103
巴基斯坦 Pakistan	11	1	1	4	2		3
朝鲜 PDRK	99	68		7	24		
菲律宾 Philippines	11	1	6	4			
吉尔吉斯斯坦 Kirghizia	1				1		
乌兹别克斯坦 Uzbekistan	55	32	8	10	5		
韩国 Republic of Korea	550	137	94	312	1		6
马来西亚 Malaysia	121	35	12	11	3		60
蒙古国 Mongolia	16	3	1	7	5		
尼泊尔 Nepal	3		2	1			
老挝 Laos	5	5					
日本 Japan	1609	457	452	668	2		30
泰国 Thailand	91	28	13	48	2		
土耳其 Turkey	6		1	5			
新加坡 Singapore	84	20	14	46	2		2
伊朗 Iran	33	3	1	29			

国家与地区 Country and region	按交流形式分类统计 By type of exchange						
	小计 Subtotal	考察访问 Investigation and visit	合作研究 Joint research	国际会议 International conference	培训 Training	科技展览 S&T Exhibition	其他 Others
叙利亚 Syria	1		1				
以色列 Israel	48	12	6	29			1
印度 India	150	19	23	103	4		1
印度尼西亚 Indonesia	12	5		7			
越南 Vietnam	88	57	12	19			
斯里兰卡 Sri Lanka	8	1	4	3			
孟加拉国 Bangladesh	7	1		6			
沙特阿拉伯 Saudi Arabia	7		1	6			
塔吉克斯坦 Tajikistan	3			2	1		
缅甸 Myanmar	1	1					
巴勒斯坦 Palestine	4		2	2			
柬埔寨 Cambodia	8	7		1			
黎巴嫩 Lebanon	2			2			
塞浦路斯 Cyprus	1	1					
亚美尼亚 Armenia	2			1	1		
阿塞拜疆 Azerbaijan	3			1	2		
哈萨克斯坦 Kazakhstan	11	5		4	2		
亚洲其他国家 Others in Asia	123		2	121			
欧洲 Europe	3861	864	1081	1805	19	1	91
爱尔兰 Ireland	18	8	3	7			

国家与地区 Country and region	按交流形式分类统计 By type of exchange						
	小 计 Subtotal	考察访问 Investigation and visit	合作研究 Joint research	国际会议 International conference	培 训 Training	科技展览 S&T Exhibition	其 他 Others
奥地利 Austria	80	36	14	28			2
比利时 Belgium	49	11	13	23	2		
波兰 Poland	35	12	5	10			8
丹麦 Denmark	44	3	21	20			
德国 Germany	1122	239	275	562	8	1	37
俄罗斯 Russia	429	69	219	136	1		4
法国 France	483	159	130	180			14
芬兰 Finland	50	17	15	18			
荷兰 Netherlands	164	26	28	108	2		
挪威 Norway	57	18	15	21	1		2
葡萄牙 Portugal	3	1		2			
瑞典 Sweden	115	25	21	69			
瑞士 Switzerland	153	24	35	92	1		1
斯洛伐克 Slovak	7		4	3			
西班牙 Spain	18	3	2	13			
捷克 Czech	29	6	9	13			1
希腊 Greece	14		3	11			
乌克兰 Ukraine	30	14	10	6			
匈牙利 Hungary	21	1	4	16			
意大利 Italy	305	18	79	206			2

国家与地区 Country and region	按交流形式分类统计 By type of exchange						
	小 计 Subtotal	考察访问 Investigation and visit	合作研究 Joint research	国际会议 International conference	培 训 Training	科技展览 S&T Exhibition	其 他 Others
英国 UK	559	139	169	241	2		8
罗马尼亚 Roumania	2	1		1			
斯洛文尼亚 Slovenia	2		2				
格鲁吉亚 Georgia	5			3	2		
保加利亚 Bulgaria	3	1		2			
欧盟 European Union	41	28		1			12
立陶宛 Lithuania	3			3			
爱沙尼亚 Estonia	1			1			
克罗地亚 Croatia	14	4	1	9			
联合国及所属机构和其他国际组织 Others in UN	5	1	4				
非　洲 Africa	99	30	9	56	4		
突尼斯 Tunisia	2			2			
埃及 Egypt	12		1	10	1		
智利 Chile	6	2	2	2			
加纳 Ghana	1		1				
南非 S.Africa	44	26	4	14			
肯尼亚 Kenya	1			1			
摩洛哥 Morocco	2			1	1		
尼日利亚 Nigeria	10			10			
喀麦隆 Cameroon	1				1		

国家与地区 Country and region	按交流形式分类统计 By type of exchange						
	小 计 Subtotal	考察访问 Investigation and visit	合作研究 Joint research	国际会议 International conference	培 训 Training	科技展览 S&T Exhibition	其 他 Others
乌干达 Uganda	1			1			
埃塞俄比亚 Ethiopia	7	2		5			
冈比亚 Gambia	5			5			
刚果 Congo	2		1		1		
卢旺达 Rwanda	1			1			
布基纳法索 Burkina Faso	1			1			
津巴布韦 Zimbabwe	2			2			
马里 Mali	1			1			
北美洲 North America	3148	738	832	1419	48		111
加拿大 Canada	307	109	96	87	7		8
墨西哥 Mexico	7	2		5			
美国 USA	2832	627	735	1326	41		103
洪都拉斯 Honduras	1			1			
格林纳达 Geenada	1		1				
南美洲 South America	57	16	8	33			
古巴 Cuba	6	6					
秘鲁 Peru	4		2	2			
委内瑞拉 Venezuela	1			1			
巴西 Brazil	35	8	3	24			
阿根廷 Argentina	5	1		4			

续表 11-2

国家与地区 Country and region	按交流形式分类统计 By type of exchange						
	小 计 Subtotal	考察访问 Investigation and visit	合作研究 Joint research	国际会议 International conference	培 训 Training	科技展览 S&T Exhibition	其 他 Others
厄瓜多尔 Ecuador	2	1		1			
法属圭亚那 French Indo-China	1			1			
哥伦比亚 Colombia	3		3				
大洋洲 Oceania	378	135	103	137	1		2
新西兰 New Zealand	77	57	3	16			1
澳大利亚 Australia	301	78	100	121	1		1
港、澳、台地区 Hong Kong, Macao and Taiwan regions	929	139	75	714	1		
香港 Hong Kong	271	76	63	131	1		
澳门 Macao	30	15	5	10			
台湾 Taiwan	628	48	7	573			

11-3 国际合作及与港、澳、台地区交流派出项目按类型分类(2004 年)

Statistics of CAS Staff Sent Outside, by Type of Exchange: 2004

单位：人次 (person · time)

国家与地区 Country and region	按交流形式分类统计 By type of exchange						
	小计 Subtotal	考察访问 Investigation and visit	合作研究 Joint research	国际会议 International conference	培训 Training	科技展览 S&T Exhibition	其他 Others
合计 Total	**7638**	**1186**	**1486**	**3918**	**299**	**154**	**595**
亚洲 Asia	1992	357	360	1062	92	34	87
巴基斯坦 Pakistan	16	3	1	4	3		5
朝鲜 PDRK	14	3					11
菲律宾 Philippines	4			4			
哈萨克斯坦 Kazakhstan	2		2				
韩国 Republic of Korea	392	46	34	241	61		10
马来西亚 Malaysia	53	1	9	31	1	5	6
蒙古 Mongolia	7	1		3			3
尼泊尔 Nepal	10			7			3
日本 Japan	1047	213	287	516	15	14	2
泰国 Thailand	101	14	3	65	4		15
土耳其 Turkey	14			9			5
乌兹别克斯坦 Uzbekistan	3		3				
新加坡 Singapore	176	49	11	106	5	2	3

国家与地区 Country and region	按交流形式分类统计 By type of exchange						
	小 计 Subtotal	考察访问 Investigation and visit	合作研究 Joint research	国际会议 International conference	培 训 Training	科技展览 S&T Exhibition	其 他 Others
伊朗 Iran	13			2		10	1
以色列 Israel	1	1					
印度 India	75	8	2	52			13
印度尼西亚 Indonesia	16	4		5	3	1	3
越南 Vietnam	31	14	4	10			3
孟加拉国 Bangladeshi	5			1			4
斯里兰卡 Sri Lanka	3			3			
叙利亚 Syria	2					2	
缅甸 Myanmar	1			1			
塔吉克斯坦 Tajikistan	4		4				
吉尔吉斯斯坦 kirghizia	1			1			
亚美尼亚 Armenia	1			1			
欧 洲 Europe	2695	426	543	1155	96	76	399
奥地利 Austria	81	4	6	41	4		26
比利时 Belgium	63	7	6	32			18
波兰 Poland	39	1	3	31			4
丹麦 Denmark	14		1	8		2	3

国家与地区 Country and region	按交流形式分类统计 By type of exchange						
	小 计 Subtotal	考察访问 Investigation and visit	合作研究 Joint research	国际会议 International conference	培 训 Training	科技展览 S&T Exhibition	其 他 Others
德国 Germany	562	117	101	120	49	28	147
俄罗斯 Russia	260	71	102	32	6	9	40
法国 France	447	63	101	247	3	11	22
芬兰 Finland	41	11	7	20			3
荷兰 Netherlands	87	25	18	29	5	4	6
斯洛伐克 Slovak	6	2		4			
捷克 Czech	31	4	2	24			1
罗马尼亚 Roumania	2			1			1
斯洛文尼亚 Slovenia	11		2	6			3
挪威 Norway	37	9	5	12	3	6	2
葡萄牙 Portugal	36	3	3	27			3
瑞典 Sweden	55	17	13	18	1		6
瑞士 Switzerland	107	4	41	31	6	8	17
西班牙 Spain	93	3	3	78	1		8
乌克兰 Ukraine	5		3	2			
希腊 Greece	20	1	4	9			6
匈牙利 Hungary	31	1	4	9			17

国家与地区 Country and region	按交流形式分类统计 By type of exchange						
	小 计 Subtotal	考察访问 Investigation and visit	合作研究 Joint research	国际会议 International conference	培 训 Training	科技展览 S&T Exhibition	其 他 Others
意大利 Italy	268	17	33	183	4		31
英国 UK	382	66	78	182	14	7	35
爱尔兰 Ireland	6		5	1			
冰岛 Iceland	1			1			
克罗地亚 Croatia	1			1			
白俄罗斯 White Russia	4			4			
南斯拉夫 Yugoslavia	1			1			
立陶宛 Lithuania	4		2	1		1	
非 洲 Africa	57	13	4	24	3		13
埃及 Egypt	18	5	4	5			4
肯尼亚 Kenya	2						2
南非 S.Africa	23	8		10			5
摩洛哥 Morocco	4			4			
加纳 Ghana	5			1	3		1
突尼斯 Tunisia	4			3			1
乌干达 Uganda	1			1			
北美洲 North America	1396	175	350	752	29	32	58
加拿大 Canada	239	35	36	114	5	6	43

国家与地区 Country and region	按交流形式分类统计 By type of exchange						
	小 计 Subtotal	考察访问 Investigation and visit	合作研究 Joint research	国际会议 International conference	培 训 Training	科技展览 S&T Exhibition	其 他 Others
美国 USA	1129	138	313	619	24	26	9
墨西哥 Mexico	17	2	1	12			2
古巴 Guba	7			3			4
牙买加 Jamaica	1			1			
巴哈马 Bahamas	1			1			
波多黎各 Porto rico	2			2			
南美洲 South America	88	19	1	47	1		20
阿根廷 Argentina	17			12			5
巴西 Brazil	44	5		27	1		11
智利 Chile	22	13	1	4			4
南太平洋诸岛 the South Sea Islands	1	1					
委内瑞拉 Venezuela	4			4			
大洋洲 Oceania	300	27	49	185	21		18
澳大利亚 Australia	276	26	46	178	21		5
新西兰 New Zealand	20	1	3	6			10
斐济群岛 Venezuela	4			1			3
港、澳、台地区 Hong Kong, Macao and Taiwan Regions	1110	169	179	693	57	12	
香港 Hong Kong	744	74	145	457	56	12	
澳门 Macao	58	3	22	33			
台湾 Taiwan	308	92	12	203	1		

11-4 在国际组织任职人员情况 (2005.8.15)

Statistics of CAS Professionals Holding Posts in Various International Organizations: (2005.8.15)

	人 数 Person		人 数 Person
一、在国际组织任职人员分布情况 International organizations in which CAS professionals hold posts	694	国际催化学会联盟 International Association of Catalysis Societies (IACS)	
第三世界科学院 The Third World Academy of Sciences (TWAS)	99	国际动物学会 The International Society of Zoological Sciences (ISZS)	1
国际天文学联盟 International Astronomical Union (IAU)	3	亚洲科学院协会 (Association of Academies of Sciences in Asia, (AASA)	1
国际山地综合开发中心 International Center for Integrated Mountain Development (ICIMOD)	3	国际心理学联合会 International Union of Psychological Science (IUPsyS)	1
联合国教科文组织 United Nations Educational, Scientific and Cultural Organization (UNESCO)	10	其他国际组织 Other international organizations	521
国际自然与自然资源保护联盟 International Union for Conservation of Natural Resources (IUCN)	26	二、其中在国际组织担任重要职务情况 Of which, major posts held by CAS professionals	
国际纯粹与应用化学联盟 International Union of Pure and Applied Chemistry (IUPAC)	7	主席 President	31
国际纯粹与应用物理学联盟 International Union of Pure and Applied Physics (IUPAP)	7	副主席 Vice President	26
国际地圈生物圈计划 The International Geosphere Biosphere Program (IGBP)	1	常务理事 Executive Council Member	29
国际科学理事会 International Council for Science(ICS)	7	国家代表 National Representative	5
国际第四纪研究联盟 International Union for Quaternary Research (INQUA)	2	秘书长 Secretary-General	6
国际科学院委员会 (Interacademy Council, IAC)	1	三、在国际组织任职人员中的院士人数 Number of CAS and CAE members who hold international organization posts	112
国际科学院组织 Interacademy Panel on International Issues (IAP)	1		

注：从 2005 年起不包含在国际期刊任职人员(209 人)。

Note: Since 2005, 209 persons who hold positions of international periodicals and magazines havenot included.

十二、文献情报、图书出版

DOCUMENTATION, INFORMATION AND PUBLICATION

12-1 文献情报系统馆藏文献情况

Statistics of Documentation Collected by CAS Documentation and Information System

单位: 万册 (ten thousand volumes)

年 份 Year	文献收藏总量 Total collection	其中: 院中心和地区中心藏书量 Of which: Total books collected by LCAS and 4 regional centers	图 书 Books 合 计 Total	图 书 Books 中 文 Chinese	图 书 Books 外文 Foreign languages	期 刊 Periodicals 合 计 Total	期 刊 Periodicals 中 文 Chinese	期 刊 Periodicals 外 文 Foreign languages	其他文献 Others
1950	63	34	51			12	6	6	
1955	272	118	182	115	67	88	26	62	2
1959	813	413	484	347	137	314	81	233	15
1965	1542	849	851	608	243	664	221	433	27
1978	867	692	367	184	183	193	102	91	307
1981	1753	876	668	354	314	679	190	489	406
1985	2104	962	600	312	288	1089	352	737	415
1988	2935	1240	679	359	320	1809	367	1442	447
1990	2565	1033	836	402	434	1729	357	1372	530
1991	3306	1269	810	392	418	1834	396	1438	662
1992	3032	1446	821	402	419	1553	353	1200	658
1993	3006	1450	786	409	377	1563	364	1199	657
1994	3032	1224	791	456	335	1592	368	1224	649
1995	3632	1232	768	394	374	2236	533	1703	628
1996	3700	1248	764	405	359	2316	549	1767	620
1997	3673	1271	681	339	342	2366	567	1799	626
1998	3606	1345	586	282	304	2295	540	1754	726
1999	4150	1358	629	322	307	2180	564	1616	1342
2000	3807	1365	782	450	332	2183	555	1627	843
2001	3624	1377	741	431	311	2037	538	1499	846
2002	3284	1105	678	416	263	1739	522	1216	868
2003	3194	1432	691	390	301	1713	551	1162	790
2004	3432	1667	711	402	309	1897	556	1341	824

注: 1. 中国科学院文献情报中心。

Note: Library of Chinese Academy of Sciences,LCAS.

2. 地区文献情报中心。

Regional Documentation and Information Center of the Chinese Academy of Sciences, Regional Center.

3. 中国科学院文献情报系统包括中国科学院文献情报中心、4 个地区文献情报中心和研究所文献情报机构。

CAS documentation and information system includes LCAS, 4 regional documentation and information centers and documentation and information services in the institutes of CAS.

12-2 文献情报系统馆藏图书、期刊情况(2004 年)
Statistics of Books and Periodicals Collected by CAS Documentation and Information System: 2004

单位: 万册 (ten thousand volumes)

	合计 Total	中文 Chinese	西文 Western languages	日文 Japanese	俄文 Russian	其他 Other
图书总册数 Total number of books	**711**	**402**	**210**	**26**	**66**	**7**
其中:院中心与地区中心 Of which: Collected by LCAS and 4 regional centers	215	96	74	13	32	0
期刊总册数 Total items of periodicals	**1897**	**556**	**1097**	**124**	**114**	**6**
其中:院中心与地区中心 Of which: Collected by LCAS and 4 regional centers	1069	344	570	82	67	6

12-3 文献情报系统馆藏其他文献情况 (2004 年)
Statistics of Other Documents Collected by CAS Documentation and Information System: 2004

	古籍(册) Ancient books (volume)	学位论文(篇) Theses (article)	会议录(册) Proceedings (volume)	专利文献(件) Patents (item)	照片图纸(张) Photos and blueprints (frame)	科技报告(篇) S&T reports (article)
总计 Total	**813917**	**57329**	**167737**	**3093456**	**2031637**	**488629**
其中: 院中心与地区中心 Of which: Collected by LCAS and 4 regional centers	555079	27272	81683	1564963	2010	361630

	成果资料(件) Achievement documents (item)	标准文献(件) Standard documents (item)	音像制品(盒) Audiovisual documents (box)	缩微制品(盒) Microforms (box)	其他(件) Others (item)	电子期刊(种)Electrical journals (volume)
总计 Total	**60531**	**34339**	**17986**	**1280203**	**194906**	**180703**
其中: 院中心与地区中心 Of which: Collected by LCAS and 4 regional centers		18855	6105	1217031		74255

12-4 文献情报系统情报服务情况(2004 年)
Documentation Services Provided by CAS Documentation and Information System: 2004

	文献流通 (册·次) Documents circulated (volume·times)	馆际互借 (册·次) Inter-library loans (volume·times)	全文传递 (篇) Document delivery (article)	国际交换 (册) International document exchange (volume)	文献复制 (页) Document reproduction (page)
总 计 Total	**5048382**	**12562**	**64920**	**25869**	**5274383**
其中: 院中心与地区中心 Of which: Collected by LCAS and 4 regional centers	1738832	1940	48934	6924	2739350

12-5 文献情报系统情报加工与服务情况(2004 年)
Information Processing and Services Provided by CAS Documentation and Information System: 2004

	情报服务 Information services			二次文献加工 Secondary information processing		情报调研报告 (篇) Information research report (article)
	专题咨询 (次) Special subject consultation (time)	文献检索 (条) Documentation retrieval (item)	科技查新 (项) Novelty-searching (item)	文摘 (条) Abstract (item)	数据库数据加工 (条) Data processing (item)	
总 计 Total	**18094**	**13277**	**2462**	**1095181**	**2018585**	**247**
其中: 院中心与地区中心 Of which: Collected by LCAS and 4 regional centers	14368	8409	1986	1047854	1227677	206

12-6 图书

Classification of

年 份 Year	合 计 Total		科学出版社 Science Press		
			初版书 First edition		
	初版(种) First edition (title)	重版(种) Republication (title)	种 (title)	万字 (ten thousand Chinese characters)	万册 (ten thousand volumes)
总 计 Total	**25942**	**16933**	**24201**	**844064**	**26969**
1950~1954	238		238	3157	106
1955~1965	3301	1557	3301	71427	1396
1966~1970	172	126	172	4834	188
1971~1977	892	177	892	21508	3981
1978~1985	3140	748	3140	89744	5867
1986	472	126	462	12620	214
1987	628	139	607	20810	240
1988	536	72	495	15310	374
1989	573	63	507	13940	713
1990	498	79	409	13600	217
1991	483	176	396	14624	289
1992	541	136	465	15680	599
1993	618	113	465	17125	399
1994	678	209	608	22448	441
1995	605	247	505	20309	542
1996	653	318	534	17799	466
1997	610	540	515	17495	509
1998	868	822	791	27370	827
1999	1168	918	1068	66681	1088
2000	1283	1211	1180	54273	1209
2001	1335	1549	1215	56990	948
2002	1519	1827	1377	59359	1711
2003	2149	2605	1982	75112	2056
2004	2982	3175	2877	111849	2589

出版情况
Books Published

		中国科学技术大学出版社 The Press of the University of Science and Technology of China				
重版书 Republication		初版书 First edition			重版书 Republication	
种 (title)	万册 (ten thousand volumes)	种 (title)	万字 (ten thousand Chinese characters)	万册 (ten thousand volumes)	种 (title)	万册 (ten thousand volumes)
16176	**27208**	**1741**	**65656**	**1709**	**757**	**737**
1557	452					
126	26					
177	1547					
748	2483					
126	64	10	280	14		
133	122	21	641	38	6	13
64	81	41	1328	32	8	29
52	57	66	1763	83	11	6
61	41	89	3118	89	18	30
133	129	87	2659	60	43	100
109	271	76	2822	51	27	32
85	65	153	4597	653	28	25
137	149	70	2586	44	72	70
167	376	100	3651	78	80	94
270	493	119	4550	100	48	60
481	1089	95	4244	68	59	78
783	1100	77	3185	44	39	36
902	1200	100	4622	53	16	11
1169	1259	103	4043	41	42	20
1471	2787	120	4804	50	78	35
1755	3910	142	5434	75	72	36
2546	4663	167	6869	88	59	39
3124	4844	105	4460	48	51	23

12-7　图书出版情况(2004 年)
Classification of Books Published: 2004

单位: 种数　　(title)

学科及书类 Field and type	合 计 Subtotal	科学出版社 Science Press	中国科学技术大学出版社 The Press of the University of Science and Technology of China
总　计 Total	**6157**	**6001**	**156**
一、按学科分 By field			
数学、力学 Mathematics and mechanics	346	320	26
物理 Physics	76	69	7
化学 Chemistry	118	113	5
天文学 Astronomy			
地学 Earth sciences	120	117	3
生物学 Biological sciences	798	790	8
技术科学 Technological sciences	1198	1163	35
综合类 Comprehensive	3501	3429	72
二、按书类分 By type			
专著 Monographs	849	837	12
基础理论 Basic theory	600	563	37
论文集 Collected works	133	127	6
应用技术 Applied technology	1827	1794	33
基本资料 Basic information	254	254	
工具书 Reference books	272	272	
科普 Popular science	371	367	4
综述评论 Reviews	18	18	
其他 Others	1833	1769	64

12-8 自然科学期刊分类情况(2004 年)
Classification of Periodicals in Natural Sciences: 2004

单位: 种数 (title)

	总 计 Total	学 术 Academic journals	技 术 Technological journals	检 索 Retrieval journals	科 普 Popular science	指 导 Instructional journals
一、期刊总数 Total number of periodicals	303	253	17	13	14	6
二、刊期 Frequency						
周刊 Weekly	3		1		1	1
半月刊 Semimonthly	9	5			2	2
月刊 Monthly	69	48	10	1	8	2
一个半月刊 Semiquarterly	1	1				
双月刊 Bimonthly	124	114	2	6	2	
季刊 Quarterly	96	84	4	6	1	1
半年刊 Semiannually	1	1				
三、学科 Field						
综合 Comprehensive	30	22		1	3	4
数学 Mathematics	12	11		1		
力学 Mechanics	8	7		1		

续表 12-8

	总 计 Total	学 术 Academic journals	技 术 Technological journals	检 索 Retrieval journals	科 普 Popular science	指 导 Instructional journals
物理学 Physics	29	24	1	3	1	
化学 Chemistry	20	20				
天文学 Astronomy	8	7		1		
地学 Earth sciences	55	50		2	3	
生物学 Biological sciences	55	50	1	2	2	
农学 Agriculture sciences	3	3				
环境科学 Environmental sciences	10	8	1		1	
技术科学 Technological sciences	57	39	14	2	2	
其他 Others	16	12			2	2

注: 1. 其中英文版期刊 46 种。

Note: There are 46 journals published in English.

2. 统计数字不包括各种不定期和非正式刊物。

Journals published irregularly or not publicly circulated are not included.

附录：全国主要科技指标

APPENDIX: NATIONAL MAJOR S&T INDEXES

附录1 国内生产总值及国家财政科技支出

Appendix 1 Gross Domestic Product and Government S&T Expenditure

单位: 亿元 (100 million yuan)

年份 Year	国民总收入 Gross National Income	国内生产总值 Gross Domestic Product	人均国内生产总值 Per Capita GDP (yuan/person)	国家财政总支出 Total Government Budgetary Expenditure	国家财政科技拨款 Appropriation for Science and Technology	科技拨款占财政总支出的比重% of Total Government Budgetary Expenditure
1991	21662.5	21617.8	1879	3386.6	160.69	4.7
1992	26651.9	26638.1	2287	3742.2	189.26	5.1
1993	34560.5	34634.4	2939	4642.3	225.61	4.9
1994	46670.0	46759.4	3923	5792.6	268.25	4.6
1995	57494.9	58478.1	4854	6823.7	302.36	4.4
1996	66850.5	67884.6	5576	7937.6	348.63	4.4
1997	73142.7	74462.6	6054	9233.6	408.86	4.4
1998	76967.2	78345.2	6308	10771.5	438.60	4.3
1999	80579.4	82067.5	6551	13187.7	543.90	4.1
2000	88254.1	89468.1	7086	15886.5	575.60	3.6
2001	95727.9	97314.8	7651	18902.6	703.30	3.7
2002	103935.3	105172.3	8214	22053.2	816.20	3.7
2003	116741.2	117390.2	9111	24650.0	975.50	4.0
2004	136584.3	136875.9	10561	28486.9	1168.61	4.1

附录部分资料来源：《中国统计年鉴》(2005年)，《中国科技统计年鉴》(2005年)。

Appendix Source:China Statistical Yearbook 2005; China Statistical Yearbook on Science and Technology 2005.

附录2 全国科技活动人员

Appendix 2 Personnel Engaged in Science and Technology Activities in China

单位: 人 (person)

年份 Year	科技活动人员总数 Total	科学家和工程师 Scientists and Engineers	占科技活动人员总数比重 % of Total	全国经济活动人口(万人) National Economically Active Population (10000 persons)	每万名经济活动人口中科学家和工程师 Scientists and Engineers Per 10000 Economically Active Population	全国人口(万人) National Population (10000 persons)	每万名人口中科学家和工程师 Scientists and Engineers Per 10000 Population
1991	2286411	1320944	57.8	66091	20	115823	11
1992	2270389	1372037	60.4	66782	21	117171	12
1993	2452052	1372012	56.0	67468	20	118517	12
1994	2575869	1538758	59.7	68135	23	119850	13
1995	2624734	1553943	59.2	68855	23	121121	13
1996	2903153	1687844	58.1	69765	24	122389	14
1997	2885690	1667767	57.8	70800	24	123626	13
1998	2814479	1490149	52.9	72087	21	124810	12
1999	2905635	1594623	54.9	72791	22	125909	13
2000	3223519	2045906	63.5	73992	28	126543	16
2001	3141085	2071530	65.9	74432	28	127627	16
2002	3221822	2172019	67.4	75360	29	128453	17
2003	3284005	2254721	68.7	76075	30	129227	17
2004	3482120	2252130	64.7	76823	29	129988	17

附录3 全国研究与试验发展人员全时当量

Appendix 3 Full-time Equivalent of R&D Personnel in China

单位：万人年 (10000 person · year)

年份 Year	研究与试验发展人员全时当量 Total (A)	基础研究 Basic Research	应用研究 Applied Research	试验发展 Experimental Development	其中：科学家和工程师 Among Which: Scientists and Engineers (B)	比重 % of Total (B/A)
1991	67.05	6.13	21.46	39.46	47.14	70.31
1992	67.43	5.84	20.90	40.70	47.19	69.98
1993	69.78	6.33	21.49	41.96	48.92	70.11
1994	78.32	7.64	24.20	46.48	55.20	70.49
1995	75.17	6.66	22.79	45.71	52.20	69.44
1996	80.40	6.96	23.65	49.79	54.80	68.16
1997	83.12	7.17	25.27	50.68	58.87	70.82
1998	75.52	7.87	24.97	42.68	48.55	64.29
1999	82.17	7.60	24.15	50.42	53.11	64.63
2000	92.21	7.96	21.96	62.28	69.51	75.38
2001	95.65	7.88	22.60	65.17	74.27	77.65
2002	103.52	8.40	24.73	70.39	81.05	78.31
2003	109.48	8.97	26.03	74.48	86.21	78.74
2004	115.26	11.07	27.86	76.33	92.63	80.36

附录4 全国研究与试验发展经费支出

Appendix 4 Intramural Expenditure for R&D in China

单位：亿元 (100 million yuan)

年份 Year	研究与试验发展经费支出 R&D Expenditure Total	基础研究 Basic Research	比重 % of Total	应用研究 Applied Research	比重 % of Total	试验发展 Experimental Development	比重 % of Total	占国内生产总值比重 % of GDP	按人口平均R&D支出(元) Per Capita R&D Expenditure (yuan)
1995	348.69	18.06	5.18	92.02	26.39	238.60	68.43	0.60	29
1996	404.48	20.24	5.00	99.12	24.51	285.12	70.49	0.60	33
1997	509.16	27.44	5.39	132.46	26.02	349.26	68.60	0.64	39
1998	551.12	28.95	5.25	124.62	22.61	397.54	72.13	0.69	44
1999	678.91	33.90	4.99	151.55	22.32	493.46	72.68	0.83	54
2000	895.66	46.73	5.22	151.90	16.96	697.03	77.82	1.00	71
2001	1042.50	55.60	5.33	184.85	17.73	802.03	76.93	1.09	82
2002	1287.6	73.77	5.73	246.68	19.16	967.20	75.12	1.23	100
2003	1539.63	87.65	5.69	311.45	20.23	1140.53	74.08	1.31	119
2004	1966.61	117.18	5.96	400.49	20.36	1448.95	73.68	1.44	151

附录5 全国专利申请受理量及授权量

Appendix 5 National Total Number of Patents Applications and Authorizations

单位：件 (item)

年份 Year	申请量 Applied	发明 Invention	实用新颖 Utility Model	外观设计 Design	授权量 Granted	发明 Invention	实用新颖 Utility Model	外观设计 Design
1996	102735	28517	49604	24614	43780	2976	27171	13633
1997	114208	33666	50129	30413	50992	3494	27338	20160
1998	121989	35960	51397	34632	67889	4733	33902	29254
1999	134239	36694	57492	40053	100156	7637	56368	36151
2000	170682	51747	68815	50120	105345	12683	54743	37919
2001	203573	63204	79722	60647	114251	16296	54359	43596
2002	252631	80232	93139	79260	132399	21473	57484	53442
2003	308487	105318	109115	94054	182226	37154	68906	76166
2004	353807	130133	112825	110849	190238	49360	70623	70255

附录 6　全国科技论文发表及被引用情况

Appendix 6　The National Total Number of S&T Papers and Citations

年 份 Year	被国际上收录 (篇) Catalogued By Major International Indexes (Article)		SCI 论文被引用 Cited Internationally		国内刊物发表 (篇) Publications in Domestic Journals (Article)
		SCIE 论文 Catalogued by SCIE (Article)	篇 (Article)	次 (Times)	
1996	19598	8200	8826	15800	116239
1997	25007	10033	9952	18434	120851
1998	24038	11456	11549	21511	133341
1999	38924	13357	16583	31744	162779
2000	41895	22608	15733	31354	180848
2001	49817	25889	18358	38827	203229
2002	62592	31572	24154	51766	238833
2003	80563	38092	31168	72131	263117

附录 7　全国高技术产品进出口

Appendix 7　Import and Export of High-tech Products in China

单位: 亿美元　　(USD 100 million)

年 份 Year	高技术产品出口额 Exports of High-tech Products	占商品出口额的比重 (%) Share in Total Exports	占工业制成品出口额的比重 (%) Share in Industrial Manufactured Exports	高技术产品进口额 Imports of High-tech Products	占商品进口额的比重(%) Share in Total Imports	占工业制成品进口额比重 (%) Share in Industrial Manufactured Imports
1996	126.6	8.4	9.8	224.7	16.2	19.8
1997	163.1	8.9	10.3	238.9	16.8	21.0
1998	202.5	11.0	12.4	292.0	20.8	24.9
1999	247.0	12.7	14.1	376.0	22.7	27.1
2000	370.4	14.9	16.6	525.1	23.3	29.4
2001	464.5	17.5	19.4	641.1	26.3	32.4
2002	678.6	20.8	22.8	828.4	28.1	33.7
2003	1103.2	25.2	27.3	1193.0	28.9	35.1
2004	1654	27.9	29.9	1613	28.7	36.3

主要统计指标解释

1. 国民生产总值(GNP)

指一个国家(或地区)所有常住单位在一定时期内收入初次分配的最终结果。一国常住单位从事生产活动所创造的增加值在初次分配中主要分配给该国的常住单位,但也有一部分以生产税及进口税(扣除生产和进口补贴)、劳动者报酬和财产收入等形式分配给非常住单位；同时，国外生产所创造的增加值也有一部分以生产税及进口税(扣除生产和进口补贴)、劳动者报酬和财产收入等形式分配给该国的常住单位，从而产生了国民生产总值的概念。它等于国内生产总值加上来自国外的净要素收入。与国内生产总值不同，国民生产总值是个收入概念，而国内生产总值是个生产概念。

2. 国内生产总值(GDP)

指一个国家(或地区)所有常住单位在一定时期内生产活动的最终成果。国内生产总值有三种表现形态，即价值形态、收入形态和产品形态。从价值形态看，它是所有常住单位在一定时期内生产的全部货物和服务价值超过同期中间投入的全部非固定资产货物和服务价值的差额,即所有常住单位的增加值之和；从收入形态看，它是所有常住单位在一定时期内创造并分配给常住单位和非常住单位的初次收入之和；从生产形态看，它是所有常住单位在一定时期内最终使用的货物和服务价值与货物和服务净出口价值之和。在实际核算中，国内生产总值有三种计算方法，即生产法、收入法和支出法。三种方法分别从不同的方面反映国内生产总值及其构成。

3. 研究与试验发展(R&D)

指在科学技术领域，为增加知识总量、以及运用这些知识去创造新的应用而进行的系统的创造性的活动，包括基础研究、应用研究、试验发展三类活动。

4. 研究与试验发展人员

指参与研究与试验发展项目研究、管理和辅助工作的人员，包括项目(课题)组人员，企业科技行政管理人员和直接为项目(课题)活动提供服务的辅助人员。

5. 研究与试验发展经费支出

指当年为进行 R&D 活动而实际用于本机构内的全部支出，应按“全成本核算”的口径进行计量。包括劳务费、其他日常支出、仪器设备购置费、土地使用和建造费等。不包括与外单位合作研究而拨给对方使用的经费。

Explanatory Notes on Key Indicators

1. Gross National Product(GNP)

refers to finalresult of the primary distribution of the income created by all the resident units of a country (or a region) during a certain period of time.The value-added created by the resident units of a country engaged in production activities is mainly distributed to the resident units of that country while a part of it is distributed to the non-resident units in the form of production tax and import duties(minus subsidies to production and import), remuneration for the labourers and property income. At the meantime, a part of the value-added created abroad is distributed to the resident units of the country in the form of production tax and inport duties(minus subsidies to production and import), remuneration for the labourers and property income. Thus the concept of gross national product is formed, which equals to gross domestic product plus net factor income from abroad. Unlike gross domestic product which is a concept of production, gross national product is a concept of income.

2. Gross Domestic Product(GDP)

refers to the final products of all resident units in a country (or a region) during a certain period of time.Gross domestic product is expressed in three different forms. i. e. value, income, and products respectively. The form of value refers to the total value of all products and services produced by all resident units during a certain period of time minus total value of intimidate input of materials and services of the nature of non-fixed assets or the summstion of the value-added of all resident units; the form of income includes all the income created by all resident units and distributed primarily to all resident and non-resident units; the fprm of products refers to the velue of all final goods and services for final use by all resident units plus the velue of net exports of goods and services during a given period of time. In the practice of national accounting, gross domestic product is calculated with three approaches, i.e. production approach, income approach and expenditure approach, which reflect gross domestic product and its composition from defferent aspects.

3. Research and Development(R&D)

refers to systematic and creative activities in the field of science and technology aiming at increasing the knowledge and using the knowlwdge for new application. R&D includes 3 categories of activities: basic research, applied research and experiments and development.

4. R&D Personnel

refer to persons engaged in research,management and supporting activities of R&D, including persons in the project teams, persons engaged in the managemenbt of S&T activities of enterprises and supporting staff providing direct service to the research projects.

5. R&D expenditure

refers to all the expenditure for R&D activities within the organization during the year, based on the means of “all cost accouting”, including the expenditure for personal services, daily expenditure, cost for purchasing equipment, expenditure for land use and construction, etc. But it excludes the funds for cooperation allocated to outside collaborators' units.

(N－0236.0101)

ISBN 7-03-016644-2

9 787030 166449 >